Cura Espiritual

Um guia simples e prático para a cura do corpo, da mente e do espírito

Serafiá
J. Pessoa, Nov/2006

Dr. Stuart Grayson

Cura Espiritual

Um guia simples e prático para a cura do corpo, da mente e do espírito

Tradução
NEWTON ROBERVAL EICHEMBERG

EDITORA CULTRIX
São Paulo

Título do original: *Spiritual Healing.*

As idéias e sugestões contidas neste livro não devem, em nenhuma hipótese, ser consideradas como substitutos para a consulta com um profissional qualificado. Consulte seu médico no caso de problemas que necessitem de diagnósticos.

O primeiro número à esquerda indica a edição, ou reedição, desta obra. A primeira dezena à direita indica o ano em que esta edição, ou reedição, foi publicada.

Edição	Ano
1-2-3-4-5-6-7-8-9	02-03-04-05-06-07-08

Direitos de tradução para o Brasil
adquiridos com exclusividade pela
EDITORA PENSAMENTO-CULTRIX LTDA.
Rua Dr. Mário Vicente, 368 — 04270-000 — São Paulo, SP
Fone: 272-1399 — Fax: 272-4770
E-mail: pensamento@cultrix.com.br
http://www.pensamento-cultrix.com.br
que se reserva a propriedade literária desta tradução.

Impresso em nossas oficinas gráficas.

Para meu pai,
Felix Grayson, médico,
que testemunhou os efeitos
da cura espiritual na minha vida
e se alegrou com isso.

Sumário

Sumário

AGRADECIMENTOS

Este livro foi desenvolvido com base em vários seminários e conferências ministrados ao longo de um período de muitos anos. Sou grato a Ann Halpin por organizar o material e ajudar a estimular o meu processo criativo.

Minha vida e meu trabalho foram influenciados por muitos pensadores espirituais proeminentes. Sua inspiração é contínua. Expresso minha gratidão ao Dr. Ernest Holmes, fundador do movimento da Ciência Religiosa, por proporcionar-me uma via de acesso para a manifestação das minhas idéias e para a prática deste método de cura espiritual.

Quero agradecer ao meu agente, Matt Bialer, e ao seu competente colega, Marcy Posner, da William Morris Agency, pelo entusiasmo que expressaram e por acreditarem no meu trabalho. Com relação a este, agradeço, em especial, à WCBS Television News por apresentá-lo diante do público.

Para muitos dos meus alunos, minha gratidão e saudações por confirmarem este método de cura espiritual e de renovação em suas vidas. Vocês provaram que ele é universal, prático e demonstrável.

Agradeço às minhas alunas Loretta Brooks e Carol Johnson por me ajudarem a fazer a leitura das provas do manuscrito.

A Dominick Anfuso, vice-presidente e editor sênior da Simon & Schuster Inc., obrigado por deixar-me *existir*.

Agradecimentos especiais a Ana DeBevoise por toda a sua maravilhosa ajuda.

INTRODUÇÃO

Vivemos num mundo complicado, e algumas vezes parece que ficamos cercados por problemas insuperáveis. Preocupamo-nos em fazer com que os objetivos sejam realizados, em conseguir e em conservar um bom emprego numa economia incerta, em sermos bem-sucedidos com nossas famílias e com os amigos, em combater as doenças, em lidar com os efeitos do *stress*, em saber lidar com um divórcio, em pagar dívidas. Preocupamo-nos com a poluição, com o aquecimento do globo e com a paz mundial. Às vezes, nossos problemas parecem esmagadores.

Algumas pessoas tentam escapar dos seus problemas refugiando-se no "vício por trabalho" (*workaholism*), no álcool ou nas drogas, ou fazendo exercícios demais. Alguns tentam elevar seu estado de ânimo com o Prozac ou com outras drogas. Outros tentam a meditação ou livros de auto-ajuda. Outros ainda procuram recorrer a profissionais da psicologia e da medicina.

Mas a vida não precisa ser vivida dessa maneira. Há outro modo de abordá-la, de fazer com que cada dia seja uma aventura maravilhosa e não um desastre. *Cura Espiritual* procura oferecer alívio permanente para as preocupações e para os problemas que o incomodam. Na verdade, ela poderá gerar uma revolução completa na sua consciência, no seu corpo e no seu bem-estar físico, ocasionando, literalmente, mudanças físicas, mentais e emocionais.

Você tem o direito divino de ser saudável, de ser feliz, de se sentir bem e de se expressar. Há um poder e uma beneficência sempre presentes no universo, e você pode senti-los. Tudo o que você precisa fazer é reconhecer que esse poder existe e se abrir à bondade e à retidão essenciais do universo. A cura espiritual é para todos — pessoas que estão doentes, pessoas que estão bem, pessoas cujos entes amados sofrem devido a problemas físicos ou emocionais, pessoas que querem ajudar os outros, pessoas interessadas em terapias alternativas —, todos podem se beneficiar das técnicas que levam à cura espiritual. Este livro é para todos, velhos ou jovens, ricos ou pobres, independentemente de quem são ou de onde vêm.

Ninguém na Terra precisa se conformar com qualquer coisa que o impeça de ser o seu eu mais valioso. E, o que é ainda mais notável, tudo aquilo de que precisamos para sentir poder em nossa vida, poder capaz de transformar corpos perturbados, desajustados e até mesmo doentes, habita o nosso interior. Em outras palavras, tudo de que precisamos para viver uma vida feliz, saudável, gratificante e plena está dentro de nós. Todos nascemos com o dom de nos curar e de atingir a plenitude em cada aspecto de nossa vida. A cura espiritual não é um decreto divino ou uma revelação especial que abençoa uns e não abençoa outros. A cura é para todos. É uma ação essencial, um resultado natural da maneira como o universo funciona quando o utilizamos corretamente. Tudo o que precisamos fazer é reconhecer essa verdade dinâmica a respeito da vida. O céu está dentro de nós exatamente agora, durante o tempo todo, e o vivenciamos na mesma proporção em que reconhecemos isso e o convertemos num fato consciente ou num ato consciente.

Os problemas com que nos defrontamos na vida diária não são causados por forças externas, por mais que pareçam sê-lo. São os nossos padrões internos, expressos por intermédio de ações e de reações negativas diante da vida, que criam as desordens que nos atormentam. Podemos ver que essas desordens são produzidas pela ignorância. São causadas pela raiva e pelo ressentimento, pelo medo e pelo ódio, pela confusão e pela ansiedade. Com freqüência, nossas perturbações são causadas por sugestões equívocas que alguém próximo a nós nos dá e que acreditamos ser a verdade. Com a melhor das intenções, um amigo ou uma pessoa amada podem nos dizer que somos fracos, incapazes, egoístas ou nervosos, ou que parecemos doentes. Se acreditarmos no que essa pessoa diz, de fato experimentaremos os sentimentos ou o estado que ela nos atribui. Quando crianças, dependíamos dos nossos pais para que cuidassem de nós. Esse sentimento de dependência com relação à autoridade externa tende a permanecer conosco ao longo de toda a nossa vida, a não ser que façamos um esforço consciente para nos tornar responsáveis pela nossa própria existência. Colocamos nossa vida nas mãos de outras pessoas e perdemos nossa autonomia devido ao padrão de dependência formado nos primeiros anos de nossa existência. Depender de outras pessoas para valorizar e definir a nós próprios é realmente uma forma de ignorância, que pode causar medo, ansiedade, depressão, aflições e doenças.

Cada um de nós deve viver sua própria vida, e não a vida que outra pessoa espera de nós ou quer para nós. Devemos reconhecer que nossos problemas e nossos distúrbios vêm do nosso interior e não são causados por mais ninguém. As emoções negativas que sentimos podem ser realmente cataclismos destrutivos na nossa experiência. Elas bloqueiam o movimento da vida para a frente. Porém, quando reconhecemos que essas emoções são nossas, para as dirigirmos e controlarmos, nossa individualidade, nosso ego, se fortalece de uma maneira positiva. Podemos nos sentir fortes e seguros de uma maneira saudável, sem que o nosso ego se torne perigosamente inflado. E há sempre alguma coisa fundamental dentro de cada um de nós que já é parte de uma totalidade universal, de um bem universal. Essa coisa opera continuamente como lei universal.

Quando vivemos como fomos criados para viver — conscientemente e com autodirecionamento — descobrimos um novo poder na nossa vida. A ação curativa e transformadora da nossa mente, e da Mente universal, é vista por intermédio da experiência palpável. Somos curados, espiritual, emocional, psicológica e fisicamente.

A cura espiritual pode acontecer em qualquer aspecto da nossa vida. Pode ser uma cura da mente, do corpo, das emoções ou das circunstâncias que nos envolvem (relacionamentos, trabalho, finanças, metas para a vida).

Essa cura pertence a todos nós, e está ao nosso alcance. A cura espiritual não promete que algo ou que tudo possa ser mudado em qualquer ocasião. Nem todos experimentarão uma cura completa. A premissa da cura espiritual é verdadeira, mas sua aplicação à experiência humana difere de acordo com cada caso. Parece funcionar mais imediata e completamente para algumas pessoas do que para outras. Creio que isso se deve, em grande medida, ao estado mental do indivíduo e à sua receptividade às idéias. Não obstante, todos se beneficiam, pelo menos até certo ponto, com as técnicas da cura espiritual. No mínimo, você ganhará uma visão mais ampla e mais extensa da vida e de si mesmo, e viverá com esperanças muito maiores e com um pensamento positivo e construtivo que provém do entendimento espiritual. Receberá uma intensificação de poder do seu estado mental e, desse modo, em seus assuntos. Algumas pessoas experimentam efeitos muito dramáticos.

Quando utilizar as técnicas de cura espiritual explicadas neste manual, você obterá o sentido da verdade da existência. Gradualmente, começará a ver que foi criado para ser uma pessoa íntegra, saudável, realizada e feliz. Quando passar a entender e a aceitar a sua natureza espiritual, uma percepção dessa verdade despontará na sua consciência. Pois a Verdade é o fundamento da vida, está presente por toda a parte e é todo-poderosa dentro de você. Opera por intermédio de uma lei mental subconsciente e reage a todo pensamento e a todo sentimento que você tenha. Desse modo, nossas concepções e reações negativas e positivas têm repercussões definidas na nossa experiência de vida. Isso se deve a essa lei mental da reação. É por isso que você aprenderá a se afastar dos fatos perturbadores enquanto empreende a terapia da cura espiritual. Se não fizer isso, continuará reafirmando o problema no próprio campo energético que o causou e que passou a lhe dar forma e a sustentá-lo na sua vida.

Quando percebemos que a Verdade é onipotente (pois usamos o termo como sinônimo do Poder Superior, Deus, Grande Espírito, a Inteligência que permeia o universo), podemos entender que ela deve ser maior e mais poderosa que qualquer experiência humana objetiva ou subjetiva. Temos aqui a razão precisa pela qual você pode experimentar a cura até mesmo quando está apenas começando a percorrer essa nova estrada, sentindo-se impotente e entendendo apenas uma pequena parte do processo. Quando você começa a reconhecer e a afirmar a verdade a respeito de si mesmo, você está sintonizando a sua consciência com alguma coisa maior do que tudo o que possa confrontar ou desafiar o seu bem-estar. É esse Poder — a Força e a Fonte infinitas além da percepção humana — que pode nos libertar de qualquer experiência de desordem e de aflição. Então, você se abre conscientemente para a experiência de cura. Além disso, poderá vivenciar a cura até mesmo enquanto lê este manual, antes de se tornar hábil nas técnicas aqui delineadas.

No decurso do meu trabalho ao longo de três décadas, tenho visto o incrível poder da cura espiritual transformar a vida, o corpo e a situação de milhares de pessoas. Eu gostaria de partilhar com você alguns exemplos dessas demonstrações de cura espiritual que tenho visto no meu trabalho.

Uma artéria obstruída desentope

Um homem vindo do sudoeste passou por uma notável demonstração de cura espiritual no outono de 1994. Ele fora diagnosticado com uma oclusão de 70% da artéria carótida. Os médicos acreditavam que seria preciso uma cirurgia. Antes de marcar a data da operação, o homem dedicou um mês para se concentrar no tratamento espiritual. Pediu-me para fazer um trabalho de tratamento a fim de apoiá-lo em sua decisão, enquanto tratava a si mesmo.

Algum tempo depois, escreveu-me uma alegre carta na qual relatou que, quando fora reexaminado pelo médico, este constatara que a oclusão em sua artéria tinha sido reduzida para 30 a 35%, e seu coração e sistema nervoso estavam muito bem. Não precisou de cirurgia nem de medicamentos, e nenhuma restrição física lhe fora solicitada. Tudo o que lhe pediram para fazer foi manter uma dieta saudável.

Um tumor no pulso dissolve-se em Porto Rico

Um médico e várias enfermeiras formadas testemunharam comigo uma ação de cura espiritual notável e espontânea numa das minhas alunas, num seminário que dei em Dorado, em Porto Rico. Essa aluna tinha, desde há muito tempo, um tumor no pulso. A mulher fizera inúmeros exames clínicos, e os médicos queriam operá-la para removê-lo. No entanto, advertiram-na de que a cirurgia poderia deformar-lhe o pulso. Minha aluna não quis correr esse risco. Acreditando que o seu pulso poderia ser curado por meio do trabalho de tratamento espiritual, ela assistiu ao seminário em Dorado. No terceiro dia, estávamos tendo um período de meditação. Eu estava fazendo o tratamento da minha maneira usual, repetindo, sem me dirigir porém a essa mulher em particular, a ordem de Jesus a um homem que tinha uma das mãos atrofiada: "Estenda a tua mão", após o que, relata-se na Bíblia, a mão do homem ficou sã, como a outra. De súbito, ouvi um grito. Rapidamente, cessei o tratamento. Lá estava a minha aluna, olhando fixamente para o pulso. O tumor desaparecera, se dissolvera. Nada permanecera exceto a pele enrugada no local onde havia o tumor. Seu pulso estava perfeitamente normal.

Uma cura da garganta em plena sala de aula

Recentemente, numa das minhas aulas, uma mulher fez um relato a respeito de um tumor que se alojara em suas cordas vocais. Seu médico lhe disse que seria necessária uma cirurgia para removê-lo. A mulher relatou que, depois de duas semanas de tratamento espiritual, voltou ao médico e foi informada de que o tumor havia desaparecido.

Um caso de síndrome de Epstein-Barr

Uma doença antiga numa enfermeira-chefe foi finalmente diagnosticada como síndrome de Epstein-Barr. Ela estava sofrendo de extrema fadiga e de outras desordens relacionadas, tão sérias que ela não conseguia trabalhar. Os médicos não foram capazes de ajudá-la. Um dos médicos do hospital em que ela trabalhava sugeriu que ouvisse as fitas de minhas conferências e aulas, que ele lhe deu. Ela seguiu-lhe o conselho e passou a ouvir regularmente as minhas fitas, e logo adquiriu energia suficiente para assistir aos encontros dominicais no Alice Tully Hall, no Lincoln Center, na cidade de Nova York. Para assombro de todos os que a conhecem, a mulher logo recuperou a saúde e não sofreu mais dos sintomas da síndrome de Epstein-Barr. O médico que a tratou relatou-me o caso.

O que me levou ao trabalho que faço hoje resultou de uma experiência de cura espontânea que ocorreu na minha própria vida quando eu era mais jovem. Ao longo de toda a minha infância, sofri sérias dificuldades respiratórias. O simples ato de respirar, que a maioria das pessoas realiza sem pensar, era com freqüência uma luta para mim. Durante os primeiros quinze anos de minha vida, estive constantemente doente. Se conseguia permanecer de pé por várias semanas, logo em seguida eu me via de volta à cama.

Nunca soube o que significava ser capaz de relaxar e de me divertir brincando com amigos. Esportes e outras atividades infantis estavam fora de questão. Como também estava a educação escolar normal. Uma vez que o meu comparecimento às aulas estava constantemente sendo interrompido, precisei ter um professor particular.

Além disso, tive sérias alergias. Para continuar em frente, dependia de medicamentos, inclusive de duas injeções diárias e de uma dieta muito rigorosa. Isso me mantinha em atividade, mas eu me sentia mental e fisicamente esgotado quase que continuamente. Não obstante os cuidados médicos especiais, a vida era uma luta e um sofrimento constantes.

Então, com a idade de quinze anos, aconteceu algo que transformou completamente a minha vida. Passei por um despertar espiritual, uma irrupção transformadora na consciência e no entendimento, que resultou numa cura física completa e numa completa renovação da minha vida.

Não precisei mais de comprimidos nem de injeções ou de dietas. No lapso de um dia, fui curado, sentindo-me completamente bem pela primeira vez na vida. Meu pai, que era médico, foi testemunha do que aconteceu, e mais tarde testemunhou publicamente esse assim chamado milagre.

A partir desse dia, minha vida tornou-se uma constante procura de significado, de uma resposta para aquilo que *realmente* tinha ocorrido comigo. Comecei o que se tornou uma jornada e uma busca duradouras por conhecimento e por entendimento espirituais.

Essa viagem levou-me a estudar com alguns dos mais proeminentes pensadores espirituais e religiosos do século, tanto do Oriente como do Ocidente. Levou-me aos trabalhos dos grandes pensadores metafísicos, inclusive de Ernest Holmes, que escreveu o clássico *The Science of Mind*. Ele acabou levando-me ao ministério. Sou ministro do movimento da Ciência Religiosa durante os últimos 31 anos.

Diariamente, durante esses anos, tenho trabalhado com técnicas de cura espiritual, vendo-as se tornarem bem-sucedidas de tempos em tempos. Quando você diz "Sim", a vida pode se tornar uma aventura maravilhosa. Porém, ainda mais que isso, você estará trabalhando com um Poder ou com uma Energia ilimitados, que poderão renovar, revivificar e até mesmo regenerar o seu corpo físico. Minha própria vida é um testemunho do que acontece quando você pensa de uma maneira espiritual e capaz de mudar a vida. Você seguirá em frente rumo a uma experiência maior, mais satisfatória e saudável.

Escrevi este livro para partilhar com você essa compreensão, de modo que você possa aprender a aceitar o que há de bom na vida e obter a paz, a saúde, a realização e a alegria da cura espiritual.

CAPÍTULO 1

Princípios espirituais

Este manual foi criado para contar-lhe a respeito do que acontece quando o seu pensamento começa a se mover numa direção além do limitado mundo material das ações e dos relacionamentos. Ele resumirá para você os passos exatos a serem dados a fim de gerar um novo estado de consciência, que se manifestará como uma nova experiência física. Este é um método utilizado por milhares de pessoas para produzir mudanças em suas vidas. Não é uma doutrina religiosa nem propriedade de algum grupo especial. Pode ser acrescentado a qualquer ponto de vista filosófico particular. Não é uma teologia, mas tem uma perspectiva espiritual. Tanto os agnósticos como aqueles que têm pouca sensibilidade por idéias espirituais encontrarão um método de pensamento que poderão incluir no seu modo de vida atual. Tudo o que esse sistema requer de você é que flua com ele, interpretando as palavras utilizadas de acordo com o seu entendimento.

Há poucas dúvidas de que a cura espiritual seja um acontecimento viável. Há muitos caminhos que levam ao ápice dessa experiência e, não obstante, há características comuns entre todas as abordagens. Há sempre uma mudança na consciência da pessoa que procura a cura ou na daqueles que tentam ajudar os outros por meio da prece ou de outros métodos de produzir mudanças.

Este manual o ajudará independentemente de quais possam ser as suas concepções religiosas ou filosóficas. Como assinalei antes, essa não é uma abordagem religiosa da cura, mas uma abordagem espiritual. Pode ser utilizada por qualquer pessoa, desde o devoto que recebeu a mais tradicional orientação religiosa até o agnóstico — e até mesmo o assim chamado ateu poderá encontrar aqui uma maneira de abordar a Inteligência criadora universal que reside dentro de todos os seres humanos e, na verdade, em toda a vida.

O primeiro passo consiste em pensar a respeito do princípio vital e entender certas idéias básicas que em geral estão de acordo com informações científicas correntes. É esse o propósito deste capítulo.

Para algumas pessoas, as palavras utilizadas podem parecer estrangeiras e até mesmo estranhas. Não deixe que elas o desviem da figura maior. É simplesmente o uso de um vocabulário diferente daquele que pode lhe ser familiar. Porém, todo ele se reduz ao mesmo significado espiritual essencial. É muito possível que uma nova maneira de olhar para a vida abra a sua consciência à descoberta revigorada da verdade que se move através de tudo como o princípio da existência.

Neste manual, você verá que não existe conflito entre a prática da boa medicina e a da cura espiritual. Em vez disso, nas palavras dos nativos norte-americanos, essa abordagem faz parte da "boa medicina".

Na página de Opinião do Editor do *New York Times* de 31 de janeiro de 1996, um professor de Direito de Yale, Stephen L. Carter, escreveu um proeminente artigo relativo à prece, à cura espiritual e aos direitos individuais. Cita alguns dados interessantes extraídos de uma pesquisa de opinião da ABC News/Gallup realizada em dezembro do ano anterior, indicando que quatro entre cinco entrevistados acreditavam que a prece pode curar doenças. Quase 50% deles afirmaram que foram pessoalmente curados pela prece. O sr. Carter escreve: "Praticamente não [existe] religião na América cujos seguidores não orem para se livrar de doenças."

É para as pessoas que estão de acordo com essa atitude que este manual pode proporcionar uma perspectiva revigorada a respeito de todo o método de ajudar os doentes. Para as pessoas que lutam com uma doença física, talvez as idéias aqui assinaladas forneçam uma nova informação e uma renovada energia para seguir em frente com mais liberdade e bem-estar. Na verdade, a experiência revolucionária da cura completa é uma possibilidade que se apresenta a cada momento. Em mais de cinqüenta anos de experiência com essas idéias, tenho testemunhado a ocorrência de transformações na vida, no corpo e nos problemas de todos os tipos de pessoas.

Centros de cura como o de Lourdes relatam somente algumas curas documentadas de fiéis. São o resultado de análises rigorosas e de acompanhamentos de estudos de casos. Não obstante, multidões afirmaram ter recebido os benefícios da cura em conseqüência de sua experiência em Lourdes e em outros ambientes sagrados em todo o mundo. Em particular, em Lourdes há muitas pessoas que passaram pessoalmente por mudanças internas e externas e que voltam a Lourdes todos os anos a fim de ajudar as pessoas que lá vão com a esperança de que poderão obter a cura.

Muitos que seguem outros caminhos espirituais têm encontrado benefícios de acordo com seus pontos de vista particulares. Ao longo de todo este manual, explicarei como você também poderá adotar uma nova maneira de pensar, cultivando o sentimento e expandindo a percepção. O resultado poderá ser uma experiência totalmente nova de saúde e de bem-estar.

Para entender e utilizar as técnicas daquilo que chamaremos de tratamento espiritual, que leva à cura espiritual, você precisará, antes de mais nada, familiarizar-se com os princípios espirituais subjacentes que governam o universo e permitem que o "tratamento" funcione. Neste capítulo, explicarei as idéias sobre as quais se baseiam a filosofia e esta prática particular de cura espiritual. Há treze idéias, e juntas elas constituem o fundamento da cura espiritual. Dei a elas o nome de "os Treze Atos", uma vez que abrangem os atos do processo criativo no universo e no indivíduo.

É necessário que você continue com esse procedimento de modo que possa ser capaz de utilizar os capítulos que se seguem. Prometo-lhe que o andamento será fácil e o fardo leve quando você entender o nosso ponto de vista em relação ao cosmos.

Ato um: O universo é uno

Quando examinamos a vida, começamos a reconhecer uma unicidade, uma realidade única no universo: podemos dizer que há um

Deus, uma Vida, uma Mente, um Poder, uma Presença, uma Natureza Divina. Está ao nosso redor e dentro de nós, atrás de nós e movendo-se através de nós durante todo o tempo. Não é estática. Expressa-se como energia dinâmica, e a vemos por todo o universo material. O universo é uma realidade única: nós o entendemos como uma consciência primordial que sempre se expressa por meio da lei.

Sabemos que o universo é uno porque é evidente que a energia está por toda parte. Einstein descreve esse estado em sua fórmula revolucionária: $E = mc^2$. Essa fórmula significa que energia e massa são a mesma coisa. Ela foi muito bem comprovada pelo desenvolvimento da bomba atômica, da energia nuclear e de outras descobertas científicas. Você não pode escapar do fato de que a energia está por toda parte no universo e que tudo o que existe é alguma forma dessa energia. O fato de que essa realidade única está por trás de tudo é algo que está fora de questão, contanto que você invista um pouco de tempo e de energia para entender a nossa visão do cosmos.

A idéia da unicidade do universo não é apenas um conceito religioso ou filosófico. Grande parte das nossas evidências resulta de investigações científicas. Há muitos livros de divulgação escritos por físicos, astrônomos, biólogos e outras pessoas vindas do mundo científico e que descrevem esse conceito de uma unidade com o universo. Uma recente teoria é a de que a vida no planeta Terra pode ter resultado de microorganismos que viviam em meteoritos vindos de Marte. Disseram que alguns desses organismos podem estar presentes nas águas ferventes do Yellowstone Park. Se essa teoria é ou não verdadeira, é somente outro exemplo do pensamento de pesquisadores científicos que reconhecem relações de semelhança no cosmos. Essa teoria sustenta que a vida na Terra é o resultado do desenvolvimento de organismos diminutos que vieram de Marte.

Para ter um sentido melhor da realidade única que está por trás de tudo, e para ajudar a desenvolver uma fé esclarecida na unicidade da vida e na sua unicidade pessoal com o princípio vital, sugiro a leitura de algumas das obras escritas para leigos por autores tais como Lewis Thomas, Robert Jastrow, Carl Sagan e outros.

A idéia da unicidade do universo também não é uma concepção nova. De fato, numa das mais antigas escrituras, o Rig Veda hinduísta, há uma forte declaração: "A Verdade é Una, os homens a chamam por vários nomes."

Na filosofia espiritual que está por trás da cura espiritual, entendemos que há um Poder, uma Presença, um "Estado de Ser" divino, uma Ação no universo. Essa é a nossa premissa espiritual: há somente um, e nós o chamamos de Deus. Ele é tudo em tudo, é o todo. Como seres humanos, podemos tornar essa concepção ou idéia uma experiência pessoal viável, vigorosa, espiritual. E esse é todo o propósito das idéias deste manual: antes de mais nada, perceber o que é a existência, o que é o universo, o que é o cosmos; e em seguida entender quem e o que nós somos enquanto expressões da força cosmológica, do Poder e da Presença universais.

Há somente um princípio de vida universal, uma força vital universal, uma energia vital universal. Universal significa que está em toda parte, que ninguém está fora dela, que todos estão nela e pertencem a ela. Acreditamos que a consciência como lei criativa é a ação universal. Dizemos que deve existir uma consciência essencial ou fundamental no universo. Por exemplo, quando olhamos para o *Homo sapiens*, vemos a consciência em estágios de desenvolvimento — mais desenvolvida em algumas pessoas, menos desenvolvida em outras. Até mesmo em animais um certo nível de consciência está sendo expresso. É por isso que os cães e outros animais podem ser treinados. Você poderá dizer que o treinamento é apenas condicionamento pavloviano, mas esse condicionamento existe porque existe uma consciência que pode ser condicionada.

Tudo isso expressa uma forma ou um nível de consciência. Assim, dizemos que a realidade única se expressa como a energia básica e essencial no universo, e simplesmente expandimos essa idéia para dizer que há uma consciência primordial, um princípio mental no universo. Muitos trabalhos de tratamento espiritual começam com uma expressão dessa idéia: afirmamos a verdade básica, que há um princípio vital, uma Mente, presente em toda parte no universo.

A lei por cujo intermédio o universo opera é, essencialmente, uma lei de causa e efeito. Em algumas tradições espirituais orientais ela é chamada de karma, que significa simplesmente ação, e, traduzida, significa a ação que resulta de uma lei de causa e efeito. Desse modo, para cada efeito ou condição, há uma causa, e a essa causa chamamos de ação da lei.

A unicidade, então, é a chave para a vida e para a existência. É a realidade única da própria existência. É o que precisamos reconhecer repetidas vezes. Pense em função de uma realidade única, e não de uma realidade dual. Você verá que o entendimento da unicidade é o caminho para a solução dos seus problemas. A unicidade é o caminho aberto para a cura. A consciência da unicidade é um caminho para se viver com crescente tranqüilidade e liberdade.

O fato interessante que encontramos ao trabalhar com esse princípio é o reconhecimento de que no universo não há separação ou fragmentação. A vida não é fragmentada. O mesmo princípio se expressa como suas oportunidades criativas de auto-expressão, como a sua saúde e até mesmo como a sua capacidade para atingir propósitos humanos, inclusive recompensas em conforto financeiro e em realização. Isso funciona nos relacionamentos interpessoais, através da mente, e nas emoções. Funciona em cada área e em cada aspecto da vida da pessoa, porque é uma realidade única, uma substância e uma energia únicas. Você pode particularizar essa realidade e utilizá-la por intermédio do seu pensamento criativo, de acordo com o que você acha que precisa. Então, ela começará a se mover para diferentes áreas da sua experiência de vida como uma força criativa pessoal. O uso desse princípio requer estudo e prática. Se você é capaz de obter um certo desprendimento com relação às coisas externas da vida, perderá a sensação de separação relativa ao Poder Superior. Então, o sentimento de ter uma mente e um eu humano fragmentados irá desaparecer, e você perceberá que há uma verdade essencial que está sendo expressa através de você. Essa percepção é a base da cura.

Universal, como disse antes, significa "presente em toda parte". A realidade única é essa natureza universal e infinita. É algo que está dentro de todos, que se move por toda parte e através de todas as pessoas, e é ativo na experiência de cada indivíduo. Pode ser chamado por diferentes nomes. Pode ser descrito de muitas maneiras diferentes. Pode haver vários ritos, rituais e métodos de explicação, relacionados com, ou afirmando, essa grande Unicidade universal. Eu acho que a melhor palavra que podemos usar é "Espírito".

Infinito significa totalidade plena, fora do tempo — isto é, além do *continuum* do espaço-tempo. Estamos falando a respeito do fator eterno ou infinito que é o universo. Trata-se de um processo "uno", de uma unidade, de integração, e nele nada há de nocivo. Esse é o princípio de que estamos falando, um princípio que podemos chamar de amor. Ele nunca é nocivo, de nenhuma maneira. Está sempre dando de si mesmo para a sua criação. Se fosse nocivo para si mesmo, destruiria a sua criação antes que a evolução pudesse ocorrer. Ele se move continuamente através da sua criação como uma força sempre criativa. Esse amor é um princípio positivo, construtivo. Ele expressa a sua natureza como um construtivo estado de dádiva. Explicarei essa idéia mais adiante, na seção seguinte.

A totalidade de que estive falando, esse estado de ser total, deve estar presente em toda parte. Está ao redor de você e dentro de você, e se move através de você durante o tempo todo. A totalidade está em cada ponto do que chamamos de espaço e de tempo. Está além do espaço e do tempo, e está em cada ponto do que chamamos de espaço e de tempo.

O trabalho de cura espiritual é o reconhecimento de que Deus, o Espírito ou Poder universal está por toda parte. Deus está no ponto em que você está e no ponto onde os seus problemas parecem estar. Se você está realizando para alguém o seu trabalho de cura espiritual, está pensando por alguém, sabendo que o poder do Espírito está no ponto onde essa pessoa está. Se pensamos a respeito de totalidade, então ela deve estar exatamente onde o seu amigo vive e trabalha.

A primeira coisa que você precisa compreender antes de iniciar o trabalho de cura espiritual é que você é incondicionalmente aceito pela vida. Outros podem não aceitá-lo. Por algum motivo racional ou irracional, eles podem rejeitá-lo. Porém, por trás de todas as inclinações ou julgamento humanos, existe a realidade essencial, e esta é o fato de que você é aceito pela vida, por Deus, pela fonte criativa e causa de todas as experiências. Você vive e se move e tem o seu ser no âmbito desse Ser uno, e a partir desse Ser uno. Você é abarcado por ele. Você existe por causa da vida una, da fonte de toda a vida. O que quer que seja essa energia vital, o que quer que seja Deus, deve estar em cada um de nós exatamente aqui, exatamente agora e sempre. A vida está sempre sustentando a si mesma; o princípio da existência nunca é não-existente. Essa é uma lei que está sempre em ação. A vida de Deus, o amor do Espírito, nunca vacila no apoio da sua criação. Nenhuma fonte essencial, nenhuma causa, ser, estrutura ou harmonia do universo expressando-se em você como aquilo que você é vacila ou o abandona. Em momento algum você está fora do seu abraço, em momento algum ela deixa de estar se projetando lindamente, magnificamente, saudavelmente através de você.

Nós entendemos que o universo é uma ação da consciência em evolução. Efetivamente, a vida se desdobra a partir de um estado inconsciente expresso nos objetos inanimados até a consciência complexa dos seres humanos. Desse modo, o universo se move desde a ação inconsciente e automática da consciência simples dos animais até um nível de consciência mais complexo do ser humano, o qual chamamos de autoconsciência. A partir desse nível mental no ser humano, pode ser desenvolvido um estágio ulterior de experiência. Esse estágio é, com freqüência, denominado consciência cósmica ou percepção de Deus.

Cada um de nós, enquanto ser humano, tem a capacidade de ter uma sensação de união com o Uno, um sentimento de unificação com Deus, a Fonte ou o Espírito. Trata-se de um encontro pessoal com esse grande Poder e Presença que tudo transforma, denominado o Divino. Essa é a ação criativa que pode ocorrer na sua vida a cada momento.

No estudo da cura espiritual, pessoas vindas de uma grande variedade de culturas — cristãos, judeus, muçulmanos, budistas, hinduístas — são todas capazes de encontrar um denominador comum, uma fonte universal de poder. Essa totalidade fundamental é a realidade única: o poder e a presença para o bem, que é a própria bondade. Ela criou o universo, move-se através do universo e é vista manifestando-se através de toda a vida, de coisas e de pessoas. Subitamente, as pessoas entendem que são parte de um formato ou energia vital maior. E o fato de se pensar dessa maneira desenvolve aquilo para o qual, provavelmente, um nome mais adequado seria "filosofia espiritual". Porém, esta não é apenas uma filosofia; tem um valor e uma ação concomitantes que devem ser definidos como "psicologia espiritual".

Você começa a perceber que está considerando um estado mental ou um estado de pensamento relativo a idéias espirituais. Você entende que a filosofia está relacionada com a maneira como pensa e sente a respeito da vida e de si mesmo. Além disso, você reconhece que está desenvolvendo uma psicologia espiritual pessoal, que é uma visão dinâmica da mente e das emoções. Ela permite que você use as leis da mente de uma maneira muito particular, pessoal e especial para melhorar a sua vida e a sua experiência.

ATO DOIS: CRIATIVIDADE, TOTALIDADE E HARMONIA CONSTITUEM O FUNDAMENTO

O próximo conceito importante que se deve apreender é o de que a realidade única do universo é positiva, é boa. O espírito da vida é um poder criativo, beneficente, construtivo, ou não teria sido capaz de produzir o homem com o seu potencial para ser criativo e construtivo. Criatividade, totalidade e harmonia constituem o fundamento de tudo o que existe. Qualquer outro conceito estaria em contradição com aquilo que reconhecemos como o único princípio vital.

Esse é o processo criativo do Uno: sempre produzindo algo maior, mais amplo, melhor, mais bem-realizado, mais harmonioso, mais abundante do que aquilo que tem sido vivenciado. Há somente um princípio no universo. Não há um princípio que constrói e um princípio que destrói. Se houvesse, o universo estaria dividido e entraria constantemente em colapso antes que tivesse oportunidade para se desenvolver ou para evoluir. Porém, não é isso o que vemos. A evolução não mostra a destruição. As espécies desaparecem, como os dinossauros, mas isso não é destruição, é evolução. A partir dos dinossauros, evoluíram pássaros. Formas de vida dão lugar a outras formas de vida, mais altamente desenvolvidas. É um só princípio de vida que opera de muitas maneiras, e não é destrutivo, é construtivo e se move para a frente.

A vida está sempre se desdobrando e evoluindo, e o que consideramos uma tragédia ou um problema na nossa experiência é apenas uma mudança numa ação em andamento, em desdobramento, da energia vital e do princípio da existência. Portanto, dizemos que há uma só vida, uma só mente e um só princípio de existência, uma só ação criativa, que chamamos de lei porque a lei é a maneira pela qual a Mente criativa opera. A lei de causa e efeito significa que todo efeito é o resultado de uma causa. Isso ocorre por intermédio de um processo criativo, que é aquilo que é a lei, como a entendemos no nosso trabalho de cura espiritual.

A criatividade, a totalidade e a harmonia constituem a essência de toda a vida, o fundamento de tudo o que existe. A totalidade é a natureza mesma da própria existência. Há uma perfeita harmonia, que é a vida primordial ou a causa primordial do universo.

A alegria, o bem-estar (a saúde) e a paz estão destinados a existir. Eles são o seu direito de nascença como filho do universo, como filho ou filha do Altíssimo. Toda negação, todo bloqueio da totalidade e da harmonia essenciais do universo podem ser revertidos.

Espiritualmente, o homem é perfeito. O tema que está por trás da existência é o Deus perfeito, o homem perfeito, o ser perfeito. Isso significa que alguma coisa dentro de você, além do seu mundo físico de experiências, é perfeito, total e completo exatamente agora.

A Presença universal é amor absoluto expressando-se por meio da lei. Essa é uma pedra angular do nosso pensamento, amor e lei. Chame-o de amor divino, de amor universal, de amor absoluto, de amor infinito; não importa como o rotulemos. É um amor além da nossa percepção. Apenas vislumbramos pequenas sugestões aqui e ali, provenientes da nossa experiência, do que esse princípio de amor deve ser. É um amor eterno, sempre dadivoso. Ele se expressa ao redor de você, ao redor de mim e ao redor de todos nós, e se dá a nós continuamente. A questão é: "Qual é o nível e a extensão da nossa aceitação?"

O amor é a força coesiva ou o poder coesivo que reúne, mantém e sustenta unidas uma multidão de idéias que constituem os nossos mundos. Uma família amorosa ou um relacionamento amoroso é essa idéia coesiva que sustenta, reúne e mantém juntas, em ordem correta, em ação harmoniosa, os indivíduos ou a família ou quaisquer pessoas em relacionamento. Esse amor provém do impulso amoroso que há no universo e que expressa a sua natureza, o seu ser, os seus atributos por meio de uma infinita disposição de idéias às quais foi dada sua substância como um contínuo suprimento de vida.

O amor e a lei são as pedras angulares da vida. Na nossa vida, percebemos o amor e a lei por meio da nossa mente. O grande amor que existe no universo expressa a força criativa que se manifesta através de você e de mim por meio da lei.

Algo criou o universo. Nós o chamamos de Deus, mas não importa que palavra você use. Esse algo é um princípio e um poder universal. Ele dá, ele cria dando a partir de si mesmo. No nível humano, cada um de nós foi criado, e somos seres vivos, seres físicos, porque um pai e uma mãe deram de si mesmos. Somos o resultado dessa união e da nossa genealogia; a genealogia humana física simplesmente aponta de volta para a capacidade de doar dos nossos antepassados. Podemos não saber quem são eles, e isso não importa, mas houve essa capacidade que se movimentou ao longo daquilo que chamamos de evolução, que produziu a vida, que produziu o *Homo sapiens*, que produziu a nós mesmos e nossa própria história familiar e nossa experiência pessoal particular de família. Há, portanto, na vida, essa capacidade de doar. Isto é um princípio. Estamos dizendo então que o princípio universal da vida está sempre dando, dando, dando — durante o tempo todo.

Dizemos que a evolução é a ação de uma Mente ou Consciência universais. Ela fornece uma ordem cósmica, incluindo a Terra e o seu desenvolvimento, para permitir que a forma e o molde se expressem como homem dotado de mente consciente e da capacidade para ser autoconsciente. Essa ação evolutiva se estabelece, se expressa como criação, inclusive como a criação do indivíduo, de modo que esse indivíduo possa crescer, desenvolver-se e se tornar autoconsciente. Por meio desse processo, o indivíduo amadurece e ganha uma compreensão do eu, compreende a si próprio até o ponto em que o indivíduo pode obter o entendimento de que o Uno cósmico infinito, ou ação evolutiva cósmica, é capaz de se mover e de perceber a si mesmo por meio do indivíduo.

Você está começando a saber o que é Deus; portanto pode perceber que precisou ter sido criado a partir desse princípio divino com todos os seus atributos e substância. Você pode dizer: "Eu sou a vida, o amor, o poder, a alegria, a harmonia e a ordem. Eu sou bom. Eu sou do Espírito e da verdade. Eu sou a pureza e a totalidade. Eu sou a completude, a beleza, a ordem perfeita, a ação correta, a inteligência e a criatividade."

Quando você percebe o Absoluto ou Fonte, você pode começar a mover a sua consciência de modo que entenda a Presença universal expressando-se como você, através de você. No nível do Absoluto, não existem o mal, a negação, a destruição, a doença, a desordem, a morte, a pobreza, os acidentes, a desarmonia.

A saúde é a expressão da totalidade, do princípio da totalidade. Esse princípio está em toda parte. Enquanto princípio, está em toda parte; não há lugar onde não esteja. A saúde representa o princípio da totalidade. É universal e opera em toda parte, mas à espera de que o indivíduo o reconheça. Sempre esteve aí para que o indivíduo o reconheça, para que saiba novamente reconhecê-lo. Podemos também explicar isso da seguinte maneira: a saúde é realmente o *continuum* do Espírito. Por trás da saúde está a totalidade, o princípio da totalidade, que é o *continuum* essencial do Espírito, mas a saúde é apenas a figuração externa dessa verdade e sua realização pessoal.

A saúde é parte de um "sim" à vida, de um "sim" à totalidade, de um "sim" à harmonia, ao bem-estar, à criatividade. É um "sim" ao bem essencial que deve reverberar através da sua consciência. A saúde é a expressão ou a manifestação de sua percepção ou compreensão de que há um princípio de totalidade no universo, em torno e dentro de você, e que você o personaliza.

Você terá domínio na vida quando se identificar com o princípio vital, quando souber a verdade sobre si mesmo. De fato, a verdade o libertará. A verdade é que você é espiritualmente perfeito, total, completo, livre, harmonioso — agora!

Se trabalhar com essa idéia espiritual, você se encontrará com a dádiva que sempre esteve presente. Ela lhe foi presenteada no momento em que você ganhou vida. Quando emergiu neste planeta, você emergiu com essa dádiva. É a dádiva inerente de Deus. Ela é dada a todos igualmente, sem discriminação, e nunca lhe será tirada.

ATO TRÊS: O POTENCIAL DE CADA PESSOA PARA A CRIATIVIDADE É ILIMITADO

Cada um de nós é parte da Mente universal. Somos individualizações da Mente una, partes do todo, expressando o todo. Enquanto tais, nosso potencial para a criatividade, para a totalidade e para a harmonia é ilimitado. Isto, em si mesmo, é uma fonte de conforto — saber que alguma coisa a respeito de cada um de nós é infinita e está preenchida com um potencial para o bem.

A base da cura e do tratamento espiritual que pode realizá-la é a Inteligência ou Mente universal. Enquanto princípio mental, deve ser infinito e estar presente em toda parte. A Mente infinita ou Inteligência infinita — chame-a como quiser — é o princípio vital. Ela foi a causa de tudo o que poderia existir. Portanto, foi a causa de você e de mim. Surgimos dela e vivemos nela, pois nunca podemos sair para fora dela. Não podemos escapar dela. Portanto, há uma inteligência infinita da qual você proveio, na qual você vive e com a qual você se relaciona durante todo o tempo por meio do seu pensamento, por meio da sua consciência, e da qual você nunca consegue escapar. Essa percepção do ser espiritual que você pode ter, essa percepção da sua natureza divina, deve ser Deus conhecendo a si mesmo* por meio de você no nível da sua individualidade.

---

* Como a Presença e o Poder onipotentes estão além do sexo e, não obstante, incluem os dois sexos, usei a expressão "si mesmo". Alguns rotulariam essa Inteligência infinita ou Consciência infinita de "Pai", "Mãe" ou "Pai/Mãe".

Há unidade na nossa diversidade. A realidade única, a unidade una do universo se expressa em diferentes formas. Há um corpo de forma, a forma das idéias espirituais que constituem os padrões subjacentes, ou arquétipos, do universo.

Uma pessoa humana com os atributos e as qualidades de um ser humano deve provir de um Padrão primordial, que você poderia chamar de coração e mente de Deus. Às vezes, rotulamos esse Padrão primordial como um arquétipo ou modelo na Mente ou Inteligência cósmica, criativa, infinita. Cada um de nós — exatamente agora — expressa esses atributos e essas qualidades do Poder Uno. Outro modo de apresentar a questão é dizer que cada indivíduo personaliza — isto é, torna pessoal — todas as qualidades e atributos que estão na Fonte, no Padrão primordial, na Causa primordial, no Espírito, na Inteligência criativa, na Mente infinita ou Deus. A Consciência infinita é expressa por meio de idéias espirituais, e você é uma delas, eu sou uma delas. Tudo o que vemos na vida é, de algum modo, a manifestação de uma idéia espiritual ou uma coleção ou complexo de idéias espirituais.

Você está em unidade com a sua Fonte do Ser Pai/Mãe. Dessa maneira, começa a compreender que é filho do Uno universal. Você não é algum ser hesitante aqui fora, mas está intimamente ligado à Força que é Pai/Mãe, Fonte ou Deus, e seus genes espirituais estão em você.

Em cada um de nós, nascido do espírito da vida, está a grandeza de Deus, a grandeza do espírito, a grandeza daquilo que nos permite escolher, ser, vir-a-ser, crescer, nos desdobrarmos e sermos maiores, melhores e mais poderosos do que as coisas do mundo.

Cada um de nós está expressando a sua própria individualização do Uno. Aprendemos a sentir a nossa ligação com o Uno meditando a respeito de algumas das idéias que estão neste livro e revendo este capítulo em particular. Falarei mais sobre isso no Capítulo 4.

Somos semelhantes às pontas de um *iceberg* que estão acima do nível da água. Parecemos muito individualizados e separados. De um *iceberg* podem emergir, digamos, três ou mais pontas acima da água, que se parecem com três picos individuais separados. Mas se você descer para baixo da superfície da água, o que verá, na região invisível, é que os picos aparentemente separados fazem parte, todos eles, de uma imensa massa de *iceberg*. Eles aparecem acima do limiar da água como três picos que parecem flutuar isolados. Mas não flutuam. Fazem parte de algo muito maior. Aos picos separados poderíamos chamar de individualizações do *iceberg*, o qual é realmente muito maior que a individualização e está sob o limiar da aparência superficial. Porém, tudo o que o *iceberg* é, toda a composição química do *iceberg*, está em cada pico, e cada pico está apoiado nessa massa maior do *iceberg* e é sustentado por ela.

Outra maneira de descrever a individualização é compará-la com os raios do Sol; a energia e a luz do Sol estão em cada raio, e somos apenas uma parte dessa luz brilhante. Cada um de nós é como um raio do Sol; estamos intimamente ligados ao Sol. Sem o Sol, não existimos; sem essa energia, sem essa luz, não podemos existir. Temos luz porque existe luz. De maneira semelhante, temos amor porque existe Amor, temos totalidade porque existe Totalidade no universo. Temos beleza porque existe Beleza, temos criatividade porque existe Criatividade no universo. É por isso que podemos dizer que a pessoa individual não é criativa somente porque há uma Força, Vida, Amor, Ser ou Espírito criativos. Somos ou parecemos ser criativos porque somos uma avenida, um raio dessa Força. Ninguém, nada existe independente do todo.

Cada ser humano é uma individualização do Um; porém temos, como parte da nossa natureza elementar, algo denominado consciência. A pessoa pode utilizar e utiliza essa consciência. E quando a pessoa utiliza essa consciência conscientemente e pessoalmente, então podemos dizer que o indivíduo está personalizando a natureza infinita e a sua totalidade. Tornamos isso pessoal em virtude de escolha, volição ou tomada de decisão pessoal. E essa ação ocorre tanto num nível consciente quanto num nível subconsciente ou subjetivo.

Enquanto vida, você é uma individualização do Divino. O que você faz com ela — o que você pensa, a maneira como se comporta — é a maneira como personaliza sua individualização. Se você não tivesse individualização, não poderia ter personalização. Você tem personalização porque recebeu o talento, a capacidade, para a ação criativa enquanto expressão individualizada do Um. A maneira como você utiliza a sua criatividade e a sua vida é a maneira como você a personaliza. Algumas pessoas fazem da vida uma confusão, enquanto outras tornam a vida maravilhosa. Tudo depende do que você faz com a sua consciência.

Quando você entende Deus, quando você entende a Mente, quando você entende a Inteligência, quando você percebe o princípio, é necessariamente o Uno que se move através de você, pois não há maneira de você poder fazer isso sozinho. Você pertence a ele, vem dele, vive nele, e ele está sempre ao seu redor, dentro de você e funcionando através de você. Portanto, quando *você* conhece, é Deus que conhece a si mesmo do seu ponto de vista. Quando *você* percebe, é a Mente Una que percebe a si mesma do ponto de vista chamado você. Quando *você* compreende, é o Eu Infinito que compreende a si mesmo do ponto de vista chamado você, através da sua mente, através da sua compreensão. É Deus conhecendo através de nós do ponto de vista da nossa individualidade. Isso garante a nossa capacidade para saber sempre mais. Uma vez que alguma coisa infinita está conhecendo através de você e trabalhando através de você, você pode sempre conhecer mais. Sempre pode entender mais. Sempre pode perceber mais. Além disso, você está arraigado numa insondável Inteligência criativa.

O homem particulariza o universal — eis como o processo funciona e é revelado: por meio do uso da mente e da eventual experiência do homem. Dizemos que a consciência do indivíduo é a ponte entre o universal e o particular.

Sua ligação com o Poder Superior, com a Fonte, a grande Força criativa, e o seu reconhecimento de que você está ligado a ela o torna uma passagem consciente dela através da sua experiência. É o universal em você, enquanto você. Precisa ser. O que quer que você seja, tem de ser Deus, ou o Grande Poder ou o Espírito em ação perfeita.

O que é importante aqui? A correta identificação de si mesmo enquanto Espírito individualizado. Você é a expressão individual desse Grande Espírito. Você o individualiza, você é o Uno enquanto você mesmo. Deus se expressa enquanto indivíduo, no indivíduo, é o ser de Deus manifestando-se através do indivíduo e como ser do indivíduo. A imutável lei da vida é a mesma, seja ela universal ou individual.

O grande espírito da vida, a realidade única, deve estar em você exatamente agora, enquanto espírito criativo. E é a sua ligação individual, pessoal, com Deus. Você foi criado. Você sabe que está aqui. Você tem consciência. E o grande espírito da vida lhe deu consciência e, de alguma maneira, está refletindo a si mesmo em você. Você reflete tudo o que Deus é. Cada um de nós pode ter uma experiência direta dessa Mente do universo, o infinito princípio vital, porque cada um de nós provém dessa verdade do ser, o princípio mental uno. Você nunca pode ser separado dele.

Se somos claros no nosso pensamento e honestos com nós mesmos, torna-se óbvio que aquilo que é externo e infinito, transcendental, é também imanente (está dentro de nós). Dito de maneira simples, isto significa que há um poder divino, no interior de cada um de nós, expressando-se durante o tempo todo. Enquanto potencial, está se expressando através de nós e para nós. Manifesta-se como o nosso mundo da experiência diária. Há uma maneira de trabalhar com esse processo de modo que a manifestação ocorra aqui e agora, conforme a necessitemos e quando dela necessitarmos, de acordo com a nossa exigência particular para uma vida feliz e realizada. Esse caminho é a via do pensamento espiritual e do tratamento de si mesmo. Utiliza o princípio mental por meio do nosso pensamento a respeito do Divino e de nós mesmos enquanto expressões dessa Mente una, Vida e Inteligência no universo. Lembre-se, quando pensamos dessa maneira, o processo subconsciente, automático e reativo, começa a refletir essa atitude de pensamento de volta para o nosso mundo. Podemos analisá-la como uma ação do nosso cérebro operando através de um sistema neurológico ou de outro modo. É ainda uma reação automática ao nosso pensamento consciente pela área subconsciente criativa da mente.

O resultado é uma figuração externa, no nosso mundo, daquilo que pensamos e sentimos, da maneira como a nossa consciência está trabalhando, inclusive de nossas atitudes gerais, do nosso sentimento do eu, de nossos sentimentos a respeito da natureza e do que acreditamos a respeito da vida.

Obter um sentimento da realidade essencial e da maneira como individualizamos sua natureza é o princípio do processo de cura. Quando você compreende que é uno com o Divino, alguma coisa acontece automaticamente dentro de você. Um alinhamento com o Poder Uno, uma correção da consciência, uma ação curativa.

Sua mente subconsciente é parte de uma expressão da mente de Deus. O tratamento espiritual proporciona uma diretriz para essa parte da Mente. O que você faz quando pratica as técnicas de cura espiritual explicadas neste manual é compreender que você vive no processo criativo do universo. Você passa a aceitar plenamente que está em Deus e que é de Deus ou do Grande Espírito, vivenciado no nível da operação e da expressão visíveis. Você pode até mesmo dizer, no seu ponto mais alto de percepção, sou Deus *individualizado* no nível da ação visível. Você é essa individualização ou expressão individual de Deus, você é esse homem, essa mulher, agora. Você existe no processo criativo desse Grande Deus, Espírito, princípio vital. Você é o meio de autoconhecimento e de expansão dele. Você é parte do auto-reconhecimento do Espírito uno da vida.

Essa percepção e essa capacidade para receber e o grau da sua receptividade a idéias espirituais divinas decidem a quantidade do fluxo ou o nível do fluxo que a Inteligência criativa movimentará através de você e expressará em sua experiência de vida. Portanto, quanto mais você souber a respeito de quem você é enquanto expressão do Espírito, mais poderá pensar sobre isso, e se tornar ciente disso, e progressivamente mais ampla será a expansibilidade de sua mente, que reconhece o fluxo do que está lá como um potencial da boa vida. O "lucro" recebido por essa busca espiritual, essa pesquisa e essa procura interior* é a expansão da consciência, que leva em conta um maior fluxo interno ou externo vindo das profundezas do seu ser nesse impulso criativo.

A crença que você tem a respeito do princípio, a respeito do Espírito, determina como ele irá trabalhar para você. Não determina o *modo* como ele trabalha para você. Trabalha sozinho, de acordo com a natureza dele. O princípio vital funciona da mesma maneira para todos; ele está criando contínua e automaticamente. Sua crença a respeito do princípio, a maneira como você responde a ele, como interage com ele, determina *como* ele funcionará para você. Determina até mesmo quando, pois o quando tem que ver com o estado, a profundidade, a extensão da sua estrutura de crença, da sua consciência, ao aceitar que existe uma força superior em ação na vida e na sua vida. Se você não reconhece o princípio vital ou Grande Espírito, você não colherá dele benefícios específicos. Se você, por ignorância, o utilizar para o mal, devido a uma consciência distorcida ou perturbada, o mal é o que você obterá de volta. É uma lei de causa e efeito.

Para sentir a cura, para sentir a transformação mental, emocional ou física que a maioria de nós deseja, precisamos entender o celeste. E precisamos entender que o celeste, na forma, é o terrestre.

O pensar e o sentir são os dois elementos essenciais da vida. Constituem a estrutura básica da existência e da vida pessoal. É a essência da psique e a psicologia do indivíduo. A maneira como pensamos e como nos sentimos a respeito da vida e de nós mesmos desempenha um papel vital em nossas experiências. Essa é a maneira pela

* No original: *search, research and in-search.* (N.T.)

qual nós nos abrimos mais e mais para aquilo que poderia ser chamado de criatividade de Deus, e nos tornamos uma avenida maior ao longo da qual a lei do Grande Espírito opera, funciona e trabalha. Temos de aprender a pensar a respeito de tudo a partir do ponto de vista de Deus ou do Espírito. Pois tudo o que poderia existir deve ter resultado dessa Grande Fonte da Existência. Parte desse influxo vem por meio de canais, de pessoas que inventam ou que descobrem e produzem vários elementos e aspectos da experiência de vida palpável. Por trás dessa experiência de vida palpável, há essa Essência impalpável, esse transcendente Poder e Presença e Substância e Suprimento que se expressam lá e em toda parte; que podem ser entendidos de maneira consciente. Podem ser utilizados conscientemente porque a consciência é a sua própria natureza, e é um dos presentes que Deus oferece a cada um de nós.

O poder de criação do indivíduo está na capacidade de selecionar ou de desejar um bem e de conservá-lo. Esse "conjunto" mental torna-se um molde que é preenchido pela energia criativa. Esta é uma questão de imaginação e de atenção constante voltada para esse propósito.

Você reconhece a Fonte e reconhece que você e a Fonte são uma coisa só. Você é uma expressão dela, um extrato do Uno. Quando você compreende que esse Uno é absoluto, que não depende de algo mais, então você compreende que é o bem absoluto, sempre se expressando. Você está em unidade com ele, e esse bem absoluto ao seu redor também está dentro de você e lhe está concedendo sua natureza e seu ser magníficos. Cabe a nós, a você e a mim, começar a entender mais essa verdade e a compreendê-la.

Ato quatro: A vida acontece em três níveis

A vida, a existência, acontece em três níveis: o Absoluto ou inconsciente insondável, o subconsciente e o consciente. Uma boa maneira de começar a entender esses níveis consiste em desenhar um círculo num pedaço de papel. Desenhe duas linhas horizontais paralelas cortando o círculo de modo a dividi-lo em três seções. Digamos que o círculo inteiro representa toda a vida, a existência ou a consciência.

A faixa inferior pode representar o inconsciente ou Absoluto, a faixa central pode representar o subconsciente e a faixa de cima pode representar a percepção consciente.

O Absoluto ou inconsciente é o domínio infinito da Mente una, do Espírito, de Deus — seja qual for o nome que você queira dar à Unicidade universal ou Presença universal. Ele existe nas profundezas do seu ser. É primordial: todos nós saímos dele. Os arquétipos originais ou padrões perfeitos para tudo o que existe estão nesse nível de consciência. O Absoluto significa aquilo que é incondicionado, o puro Espírito, o próprio puro Ser, princípio em si mesmo. A Mente inconsciente ou absoluta é individualizada em nós como a nossa mente bipartida, consistindo nas duas seções superiores do círculo — o subconsciente e o consciente. Os padrões ou arquétipos movem-se através do envoltório do nosso subconsciente e do nosso consciente para encontrar expressão em nosso mundo da experiência.

Quando falamos de "Espírito" ou de Puro Espírito, o que queremos dizer? Sem dúvida, estamos falando a respeito de uma Inteligência infinita. Você pode chamá-la de Mente infinita, Mente divina, Consciência universal ou consciência de Deus. Não importa como você a rotule. Quando falamos a respeito de Espírito, estamos falando a respeito de inteligência pura, de inteligência absoluta, do princípio de inteligência no universo. O que é espiritual é aquilo que se assemelha a esse Grande Espírito, o princípio de inteligência que está sempre em ação. Tudo o que é espiritual exibe, experimenta e expressa inteligência. Idéias espirituais são inteligência pura. A inteligência se expressa por meio de atos de inteligência. O que são esses atos de inteligência? Precisam ser idéias. A Inteligência infinita ou Mente infinita pode se expressar apenas por meio de idéias. Essas idéias que expressam o princípio mental são espirituais. A Mente infinita ou Inteligência universal opera por meio de idéias espirituais que constituem uma expressão direta da realidade. Idéias espirituais anunciam o potencial criativo do universo.

Há padrões básicos ou arquétipos na Mente una que constituem os fatores subjacentes básicos que formam um ser humano. Expressamos esses padrões. Há um ser espiritual subjacente — os arquétipos que formam uma pessoa e são expressos por cada um de nós.

Há dois aspectos da nossa mente individual: o subconsciente e o consciente. A mente subconsciente ou subjetiva do indivíduo é a natureza e o caráter essenciais da pessoa. É a base da personalidade do eu individual, contendo o protótipo ou o padrão interior do indivíduo. Está além do domínio físico e existe no domínio fora do tempo e do espaço da psique, do ser ou do espírito do indivíduo.

Devido à sua natureza, a mente subjetiva ou subconsciente não está restrita pelo tempo e pelo espaço. Ela percebe tudo como vivendo e funcionando no aqui e agora. Sua ação fornece sugestões para a mente objetiva ou consciente da causação que há por trás de cada condição. No entanto, a mente consciente deve se tornar sensível a esse ingresso contínuo, que é parte do processo de cura espiritual. Seu subconsciente recebe impulsos vindos dos níveis consciente e inconsciente da mente. Esses impulsos são aceitos pelo subconsciente sem serem questionados.

A mente subjetiva é o aspecto criativo do indivíduo e é uma inteligência informante. Isso explica ocorrências de orientação evidente vindas de áreas inconscientes da mente. Com freqüência, essas ocorrem em épocas de necessidade e de crise ou quando a pessoa sente uma unidade com o princípio mental subjetivo.

No nível subjetivo ou subconsciente, a pessoa está em união com tudo o que ela sempre precisará ou adquirirá, porque é onde o indivíduo está arraigado no Infinito. Esse domínio subjetivo é o domínio da energia, da ação-e-reação, o domínio da Substância infinita. Nessa área, há um suprimento sem fim de energia, um potencial para qualquer coisa que poderia ser expressa. É a partir dessa área que o crescimento e o desenvolvimento se movem através do indivíduo e se manifestam no mundo do indivíduo. Eis onde o indivíduo está realmente em união com todo o poder, com toda a presença e com toda a ação que existem. Eis por que tudo de que você poderia precisar já existe em potencial dentro de você e você pode trazê-lo para fora. Você vive numa substância e num suprimento ilimitados e infinitos, e não pode fugir disso; essa é a verdade da natureza. Essa é a vida no nível subconsciente.

Você pode dar à parte subconsciente da mente o nome de alma ou de lei. Dizemos que o espírito é um aspecto do pensamento consciente e espontâneo da consciência; que a alma ou lei, o lado subconsciente, é um reator automático, um "dispositivo" de funcionamento automático. Seu subconsciente, sua alma, é a maneira como a lei criativa é individualizada em você.

A mente subconsciente ou subjetiva recebe impulsos ou sugestões de pensamento e reage. Raciocina dedutivamente e aceita o que é dado a partir do pensamento ou do sentimento como a verdade completa, o fato completo, e nunca questiona, compara ou avalia. Opera no aqui e agora da consciência presente. Não está limitada pelas experiências passadas. O subconsciente aceita sem questionar informações (sugestões) dadas a ele pela parte consciente da mente. Sejam essas sugestões positivas ou negativas, o subconsciente as aceita e reage a elas como se fossem verdadeiras, válidas ou não.

Nossa experiência reflete, em grande medida, o que se moveu através de nós num nível mental invisível ou subconsciente. Num nível consciente, a ilusão é, em grande medida, o resultado dos nossos sentidos físicos e das crenças que sustentamos a respeito do que poderíamos, ou do que não poderíamos, ser ou nos tornar — ou vivenciar. No entanto, existe algo nas profundezas da mente que também está operando em todos nós. Essa profundidade, esse plano ou essa energia invisível é o nível da consciência coletiva, abrangendo todas as crenças da humanidade. Em conseqüência, somos duplos em nossa natureza: somos o resultado da nossa percepção consciente e o reservatório subconsciente de tudo o que pensamos e experimentamos. Além disso, somos também as crenças coletivas da raça, tudo o que os seres humanos pensaram e acreditaram a respeito da vida, seu propósito e seu potencial; e sob isso, as profundezas da área inconsciente infinita da mente.

O subconsciente, isto é óbvio, é impessoal; é o poder criativo e produtivo que está dentro de você, e que está em mim e em tudo. É um poder impessoal, mas é suscetível a sugestões pessoais, à sua sugestão, ao seu pensamento pessoal, que provém da sua mente consciente. Desenvolve-se a partir de um padrão nele induzido por você por meio de sua mente consciente e também por meio daquilo que você aceita do pensamento e das crenças coletivas que o cercam. Provém daquilo que chamamos de opiniões coletivas da raça humana, e que estão sempre em operação.

A mente subconsciente é aquilo que aceita o pensamento; ela aceita tudo como um processo criativo em cada um de nós, o qual toma as idéias que damos a ele e as produz como fatos externos. Nossa mente consciente tem a capacidade de selecionar, a capacidade de medir, a capacidade de raciocinar indutiva e dedutivamente. Ela investiga, analisa e confia ao subconsciente aquilo que ela escolhe, que ela seleciona. Realmente, temos de nutrir a mente consciente, mas não se trata tanto de nutrir como de plantar sementes de idéias no subconsciente. Sabemos que o subconsciente responde imediatamente ao nosso pensamento consciente, e o faz de uma bela maneira. Ele pode produzir tudo o que é necessário para tornar completa a nossa vida.

A mente consciente está ciente do que existe. Mas o subconsciente não está. Quando o subconsciente é normal, ele atua como um impulso, que o impele a fazer isso, a se mover para lá ou para cá. Quando é anormal, atua como uma compulsão, e então você sabe que uma carga esmagadora de material negativo ingressou em você vinda do seu consciente e, às vezes, vinda do consciente coletivo do qual você não está ciente.

Há um princípio mental, mas dois aspectos ou maneiras de agir: num nível consciente e num nível subconsciente. Não obstante, é na verdade uma única mente funcionando. Quando você começa a pensar conscientemente, o subconsciente, sendo um espelho do que está acontecendo no nível consciente, reage e reflete o que esse aspecto da consciência pensa. Damos a isso o nome de lei criativa do subconsciente, e essa lei produz experiência. Projeta o mundo que é de você. Ela manifesta tudo, desde a percepção consciente que você tem até todas as coisas que ocorrem num nível inconsciente.

Ato cinco: O mundo físico é um mundo de efeitos

O mundo das condições, o mundo físico, material, que vivenciamos a cada dia, é um mundo de efeitos, e de causas apenas *aparentes*. É um mundo de altos e baixos.

Acreditamos no que sentimos, mas com freqüência nos esquecemos de que sentimos aquilo que acreditamos. Essa é uma afirmação a respeito da consciência, do que ela é e do que ela faz.

A partir do ponto de vista cósmico, a inteligência funciona por meio de uma lei de médias, permitindo assim que acidentes e fracassos aconteçam com as pessoas, o que se manifesta, por exemplo, como a sobrevivência do mais apto, de Darwin. Essa lei de médias funciona para manter o equilíbrio da natureza. Nos seres humanos, o desenvolvimento da inteligência consciente torna o indivíduo menos uma vítima dessa lei e mais um controlador de condições.

As condições sempre são relativas, e vemos que por trás de todas as experiências relativas há idéias espirituais, que são sempre a substância subjacente. As idéias espirituais são como uma infra-estrutura, sustentando as condições, o mundo físico da experiência. As condições nunca são causas primárias em si mesmas, mas são parte de uma reação em cadeia que se originou no nível da idéia pura. Para mudar condições externas, deve-se olhar para fora do mundo dos efeitos e em direção à idéia espiritual perfeita, a causa primordial por trás de tudo o que existe.

Precisamos da continuidade do entendimento espiritual, que nos impedirá de ficar à mercê dos altos e baixos do mundo, mas nos permitirá exprimir uma fé crescente na realidade única. Precisamos estudar dia após dia. Em minha própria experiência, descobri que se eu não lidar com minha discriminação espiritual — isto é, se não conceder a mim mesmo, pelo menos, um pouco de tempo para o estudo e a tranqüilização — posso facilmente deslizar para uma semi-aceitação das crenças, das opiniões e das desordens do mundo, e perder temporariamente minha integridade espiritual. Começo a perceber que estou absorvido num outro lugar, focalizado nas aceitações das opiniões e das crenças do mundo.

Está sempre em ação em nossa vida pessoal uma espécie de batalha entre os padrões de hábito que estão alojados na nossa mente subconsciente e os nossos desejos. Quando nos observamos objetivamente, compreendemos que os padrões do hábito quase sempre vencem.

Se permitimos que isso aconteça, temos altos e baixos na consciência durante todo o tempo. Estamos fora de controle. Sentimo-nos como vítimas do destino, da sorte ou do acaso; aceitamos o pensamento de que somos vítimas da vida. E somos, num grau maior ou menor. Porém, não precisamos sê-lo. O que lhe mostrarei neste manual é que você não precisa ser uma vítima. Você pode praticar a cura espiritual.

Você pode ser libertado, neste preciso momento, de uma doença, de uma aflição ou de uma perturbação se conseguir romper o pensamento ou a consciência limitados que estão causando essa perturbação. Essa pode ser uma afirmação exagerada, mas é uma possibilidade presente. Você precisa atingir uma percepção mais ampla. Quer se trate daquilo que é chamado de uma pequena coisa ou de uma doença que lhe ameaça a vida, a saída está "exatamente aqui e exatamente agora" — na consciência. A remoção da ignorância e das doenças que dela resultam ocorre quando removemos concepções errôneas e negativas, percepções perturbadas da maneira como a vida deve ser vivida.

A saída da perturbação é obtida graças à aquisição do entendimento espiritual que dissolverá a sua causa. Isso é realizado por meio de uma percepção inteligente de quem e do que nós somos, de onde viemos e para onde vamos. Quando descobrimos nosso potencial, entendemos por que temos o direito de utilizar a lei da natureza ou do ser, a lei da mente, para produzir algo grande, novo e maravilhoso em nosso mundo. Removendo a ignorância, removemos a perturbação resultante.

Na cura espiritual, desnudamos a causa mental, ou da consciência, subjacente à doença. Reconhecemos a verdade a respeito do ser e da natureza humana.

ATO SEIS: O UNIVERSO OPERA DE UM MODO ORDENADO

O universo está sempre evoluindo e se desdobrando. Nós o vemos como uma apresentação de vida ordenada e sistemática. Somos todos produtos dessa ordem, e podemos permitir que esse sistema de inteligência opere de maneira criativa em nossa vida. Parece que existe um princípio de inteligência no universo. É a consciência, uma ação construtiva e evolutiva, e que está sempre se expressando. É a própria natureza do universo. É uma força criativa, inteligente, que está sempre se movendo ou se desdobrando.

Do ponto de vista humano, vemos essa força vital aparecer como evolução. Mas a evolução, que é um crescimento e um desenvolvimento da vida no planeta Terra e talvez em outros lugares, é na verdade um símbolo externo do Grande Espírito do Uno cósmico, desdobrando-se ou revelando-se.

Não existe lei universal de desordem. A lei universal é uma lei de ordem, de balanceamento e de equilíbrio. Possui uma qualidade de totalidade a ela associada. Nós a vemos por toda a parte. Vemo-la se mover através do caos aparente para o cosmos.

A mensagem perene é que somos criados para nos mover para a frente. É nosso privilégio, direito e dever nos movermos para a frente na vida, o que é uma atividade desdobradora, reveladora, sempre em expansão e em andamento. É a energia criativa que está sempre sendo expressa como inteligência. De fato, é a Inteligência universal produzindo um cosmos de imaculada beleza e ordem.

ATO SETE: O UNIVERSO RESPONDE AOS NOSSOS PENSAMENTOS

O universo responde à energia dos nossos pensamentos. A base da cura espiritual é a operação de uma Mente Infinita que funciona como lei que responde ao nosso pensamento ou consciência. Há uma Mente no universo que opera como lei e sempre responde ao seu pensamento, e você não consegue escapar dessa lei.

O que é lei? Lei é o princípio mental no universo. É causa e efeito. Sua ação é reflexão. Isso significa que ela recebe, aceita e reage ao seu pensamento e ao seu sentimento, e os reflete de volta à sua experiência. Eles são refletidos de volta em forma objetiva.

A Mente universal responde. Tudo é energia. Nossos pensamentos são energia e penetram nas nossas profundezas, e, num certo sentido, podemos então dizer, penetram nas profundezas do universo. Estamos portanto, numa medida bastante diminuta, influenciando o universo por meio da nossa consciência. É o mesmo processo por cujo intermédio influenciamos nossa própria vida pessoal, pois todo pensamento penetra em nossa própria criatividade subconsciente.

A Inteligência e o Poder Infinitos estão dentro de nós, e as pessoas podem dirigir sua ação através da consciência ou do pensamento. Deus, ou o Grande Espírito, enquanto lei subconsciente universal, é percebido como um princípio que reage a todas as pessoas. Ele parece impessoal porque não seleciona nem escolhe para nós, simplesmente reage a todos. Não respeita qualquer indivíduo isolado. Respeita todos os indivíduos, relaciona-se com todos os indivíduos, responde a todos os indivíduos. E como ele responde? Refletindo de volta para a nossa vida aquilo que pensamos a respeito dele, de nós mesmos e da vida.

Nossa consciência da vida, e do que chamamos de tratamento, será refletida na vida, e sob a forma de nossa experiência de vida, por meio da lei. O uso de nossa mente se faz por meio das concepções que sustentamos a respeito da vida, e essa é a maneira pela qual utilizamos o princípio mental. Ele se projeta como nossa experiência de vida. Quanto mais você trabalhar com essas idéias e quanto mais imbuído ficar delas, mais clara deverá ser a sua consciência. Você passa por um processo de purificação — às vezes chamado de purgação — de sua consciência. O resultado é um desenvolvimento construtivo da consciência, que sempre gera uma ação e um efeito construtivos. A mudança da sua consciência muda a resposta, o que significa que o seu mundo de experiência muda.

O infinito responde aos seres humanos por meio da lei da mente, que responde a nós da única maneira que pode, refletindo de volta para a nossa vida aquilo que somos na consciência.

Se você está vindo da inteligência e da percepção espiritual, de um certo conhecimento espiritual, então a reflexão disto em você é esse conhecimento espiritual que se move através de uma qualidade de harmonia, de bem-estar e de uma ação satisfatória. Ela satisfaz propósitos, conceitos, desejos e impulsos interiores para atingir metas particulares.

Ato oito: A mente universal é um receptor

A Mente universal é um receptor do que pensamos, bem como um emissor que responde. É também uma criadora. O que pensamos ou sentimos a respeito de alguém ou de alguma coisa atravessa nossa consciência e atinge a Mente universal. De maneira semelhante, idéias podem passar da Mente universal para a nossa percepção consciente individual.

A Mente universal é um receptor porque opera nas profundezas do nosso subconsciente ou inconsciente, que recebe tudo o que pensamos, todo sentimento que temos, e responde. Recebe esses impulsos de nós, e, uma vez que é um processo criativo que se move através do nosso subconsciente, começamos a descobrir que nosso pensamento/sentimento ajuda a criar nosso mundo pessoal. Não há acidentes. Tudo se move conjuntamente na exata maneira correta para uma ação particular em nossa vida.

O subconsciente recebe nossas idéias e impressões e atua sobre essas impressões, supondo que são absolutamente verdadeiras. Não rejeita. Não diz não. Aceita a impressão do pensamento da consciência, reage a ela, e é isso. Está sempre fazendo isso sem questionar, sem raciocinar a respeito. Na verdade, não tem capacidade de raciocínio.

Como o princípio da mente reflete ou opera como reflexão, parece um princípio criativo em nossa vida, em nossa mente e na nossa experiência. Reage aos padrões do nosso pensamento. Reage aos padrões da nossa consciência. Reage aos temores, às crenças, às ansiedades, à qualidade da nossa fé, à nossa esperança. Reage ao nosso estado mental, e essa reação é a ação reflexa do princípio infinito da mente no universo. Dessa forma, parece uma força criativa, reativa, em você, movendo-se através de sua mente, respondendo à sua inteligência e produzindo em seu mundo alguma experiência especial.

Você não pode criar algo, mas pode usar o princípio segundo o qual, por meio da reflexão, por meio do seu pensamento, reagindo à sua consciência, será produzido na sua vida e no seu mundo o bem particular que você deseja, que está imaginando para si mesmo.

A reflexão é parte do processo de criação, que é a lei da vida. É um princípio eterno e infinito; portanto, está por toda parte e está sempre operando. Assim, a reflexão é um estado de ser que está sempre ocorrendo, e está ocorrendo na sua vida exatamente agora, e no momento anterior, e ontem, e amanhã.

Essa ação mental não sabe o que está fazendo, mas sabe como fazer o que precisa fazer. Sabe receber e reagir, e em seguida produzir. Sabe a maneira de produzir a partir do impulso que recebe, e é por isso que essa mente interior o tornará doente ou sadio.

O princípio do ser comunica-se conosco devido a essa ação da inteligência ou interação inteligente. Ora, é isso o que estamos chamando de reflexão. Isto é, o que pensamos é refletido de volta para nós. A inteligência que somos, por meio do princípio mental maior, reflete-se instantaneamente de volta para nós, por meio da nossa vida e da nossa experiência.

Ato nove: Todas as coisas são expressões da consciência

Tudo o que existe no mundo é uma expressão de padrões de pensamento conscientes e subconscientes, influenciados por impulsos inconscientes profundos.

O lado objetivo é sempre a expressão de um padrão subjetivo. O mundo físico, material, é sempre uma pintura ou representação do que somos no mundo espiritual mental, emocional e interior. Utilizamos o princípio da inteligência por meio da nossa consciência e do nosso pensamento. Ele atua através da nossa inteligência, dirigindo-nos, e podemos estar seguros da direção correta.

Toda experiência objetiva expressa alguma experiência subjetiva, e essa experiência subjetiva não é apenas algum pensamento consciente que você pensa que se introduziu na sua mente subconsciente. Todas as suas experiências objetivas, verdadeiras, são projeções de experiências subjetivas, mas o subjetivo não se constitui apenas dos seus pensamentos conscientes que se deslocaram para o seu subconsciente, mas também de toda a consciência coletiva da raça humana desde o princípio do tempo, desde os primeiros momentos da inteligência. Portanto, tudo o que opera nas áreas inconscientes da sua mente move-se em associação com seus pensamentos e sentimentos subconscientes, e estes, juntos, constituem o aspecto interior da experiência exterior — o correspondente interior, se quiser, da experiência exterior.

Nossos estados de pensamento, nossos estados mentais e emocionais, nossos estados de consciência, nossas crenças, produzem causas relativas no nosso mundo da experiência humana. A maneira como você pensa a respeito de possibilidades para a sua vida, digamos, em sua carreira em particular, em seu mundo de trabalho, de profissão, de atividade, o que quer que possa ser, a maneira como você pensa a respeito disso irá limitá-lo, restringi-lo ou liberá-lo para produzir oportunidades ainda maiores de realização. O mesmo processo está envolvido na cura física. Ele entra em cada departamento e em cada aspecto da sua vida.

Seu mundo externo é uma combinação, ou um complexo, de sua própria consciência pessoal juntamente com a consciência coletiva da raça humana. Consciência é o que você é, e tudo o que você experimenta é o resultado de sua consciência. Na verdade, creio que a experiência humana é o resultado do uso ou do abuso da consciência.

O mundo é uma projeção das pessoas que existem nele. Se a consciência é desajustada, fragmentada e desordenada, o que dela é projetado é fragmentado e desordenado. Por isso, temos um mundo fragmentado, desordenado e desarmonioso. Qualquer experiência física, material, está sujeita à mudança por meio da lei ou do princípio mental baseado no padrão dado a ela pela consciência individual. Se o padrão for a beleza, se for ordem, se for harmonia, se for totalidade, isso dará início à causação. O princípio começará a operar sobre isso e a expressá-lo em nossa vida. Se o padrão for a confusão, a desarmonia, o medo da desordem, da doença, da aflição, uma orientação exclusivamente voltada para a expectativa negativa, então ele assumirá esses impulsos e começará a refleti-los através da nossa consciência e a introduzi-los em nosso mundo das experiências.

A substância, energia mental ou consciência, *existe.* A substância *existe.* A consciência apenas *existe.* É um princípio. Era. Sempre será. E a sua consciência, o seu pensamento, a sua mente, fornecem um molde nesse princípio mental para que ele o preencha com a energia que permite que a forma física apareça. Desse modo, o seu pensamento, a sua consciência, fornece um molde que a Consciência universal preenche, e isso aparece como forma em sua experiência. Toda forma está num processo de mudança. A vida é mudança. Toda forma está sujeita à mudança e pode ser influenciada ou mudada pelo seu estado de consciência.

Toda a matéria finalmente se desintegra, se dissolve e retorna à energia elementar. A matéria emerge dessa energia. Ela adquire forma, move-se através de várias funções, e então, completando o ciclo, ingressa novamente na energia básica. Saindo da Substância universal, a forma aparece na sua vida e no seu mundo. Manifesta-se através da sua consciência e do seu pensamento, através da maneira como você pensa a respeito da vida, de si mesmo, dos seus desejos, das suas necessidades e exigências para viver.

Ato dez: Você tem o direito de escolher

Precisamos entender que existimos numa lei que é liberdade absoluta, que está sempre expressando vida ilimitada. Somos criados para escolher. Somos livres para mudar a nossa mente e para selecionar ou mudar a nossa consciência e a experiência resultante.

A liberdade individual é a chave da vida — liberdade para ser, para se tornar. Tornar-se é normal sob a lei; entender as leis da vida e obedecer às leis da vida é usar inteligentemente a inteligência e não usar a inteligência para que seja vencida pela ignorância ou para permitir que outras pessoas decidam por nós. Ou para viver nossa vida através do espelho do ser dessas pessoas, de modo que refletimos outra pessoa, e não refletimos nossa individualidade. Ninguém pode viver a vida para você; todos temos de viver nossa própria vida. Todos nós precisamos pensar, raciocinar, usar a inteligência; precisamos sentir a nossa individualidade, escolher. Tudo isso é parte da lei da natureza que desenvolveu o ser humano. Essa é a essência da cura espiritual, que temos de realizar nosso trabalho espiritual, usar a nossa natureza, usar os nossos seres.

A ação do mal, ou como quer que você queira chamar as ações negativas e destrutivas da vida, ocorre entre alma e corpo, a lei criativa dentro do eu e a forma externa da experiência. O erro, o mal, ocorre entre a ação diferenciadora da lei interior e a forma. É onde entra o livre-arbítrio e onde você escolhe. Onde você seleciona qual deverá ser a diferenciação. Não *como* ocorrerá, mas *que* substância será diferenciada.

O trabalho de cura espiritual ensina a responsabilidade. Em primeiro lugar, responsabilidade para consigo mesmo, para com sua mente e para com sua vida. Você está escolhendo sua vida. Está criando ou remodelando sua vida. Se não tomarmos responsabilidade consciente por nós mesmos, então estaremos entregando a procuração pela nossa experiência de vida a fatores que, em sua maior parte, são inconscientes, e sofreremos as conseqüências.

Nosso propósito neste manual é entender que temos uma mente criativa, que podemos utilizá-la e que podemos mudar a nossa consciência, o nosso pensamento e nós mesmos. Cada pessoa tem um talento espiritual. Esse talento é a capacidade para refletir e para expressar tudo o que é Deus ou a Presença universal. É ver claramente e, vendo claramente, discriminar entre fatos e verdades. Na filosofia da cura espiritual, definimos "fatos" como coisas que são verdadeiras de uma maneira temporária no mundo condicionado, nosso mundo material da experiência. Fatos mudam como o mundo muda. Por exemplo, outrora era um fato os seres humanos não poderem viajar até a Lua. Porém, quando a ciência e a tecnologia tornaram possível a viagem espacial, esse fato mudou. Realmente, a verdade era que o homem podia viajar até a Lua e para além dela.

As "verdades" são eternas, imutáveis. Pertencem ao domínio do Absoluto, ao princípio da existência. Quando entendemos a diferença entre fatos e verdades, vivenciamos o poder. Estamos no controle. Podemos começar a redirecionar o mundo condicionado observando-o com uma visão mais ampla. Cabe a nós trabalhar com essa idéia. Quanto mais você utilizar sua mente, mais *poderá* utilizá-la. É como exercitar um músculo. Quando você o faz, sua vida começa a se conformar com a harmonia básica, com o padrão essencial, que está lá.

Cabe a você, dia após dia, em cada situação ou em cada experiência, discriminar entre fatos e verdades. Isso significa a diferença entre a vida que é passiva — que apenas "flui com tudo o mais", e na qual dizemos: "É assim que as coisas são. Esse é o meu karma, o meu destino" — e a vida que é ativa, na qual dizemos: "Não! Tenho algo maior em mim. Tenho em mim algo que é maior do que o karma, maior do que qualquer experiência, maior do que aquilo que 'eles dizem'. Escolho estar em unidade com a realidade essencial e sigo em frente."

O livre-arbítrio está embutido na estrutura do universo. Você pode dizer "sim" e você pode dizer "não". Cabe a você decidir. Esse livre-arbítrio permite que você se abra, perceba e aprenda cada vez mais a respeito do que você realmente é e do que quer da vida. Permite-lhe usar, usar de maneira errônea ou abusar da vida ou de si mesmo. Permite-lhe aprender e despertar do profundo sono da ignorância ou se aprofundar nele.

Quanto mais pensarmos a partir da altitude do Absoluto, mais pura é a nossa consciência e mais demonstraremos o princípio incondicional da mente na nossa vida e nos nossos afazeres. Cabe à pessoa selecionar a qualidade e o estilo de sua vida.

Estamos sempre na encruzilhada, estamos sempre no ponto de transformação. Podemos sempre mudar nossa mente, e podemos sempre nos mover para a frente.

A pessoa pode aprender vivendo a vida. Você tem essa capacidade de selecionar o seu caminho e de escolher o seu caminho. Algumas pessoas tornam-se mais cientes vivendo a vida, chegam ao trabalho de cura espiritual e aprendem realmente como viver. Outros apenas seguem vivendo a vida de acordo com as opiniões e as crenças de outras pessoas, deixando-se dirigir por outras pessoas, ingressando em vidas de desespero devido a visões de outras pessoas.

Você precisa aceitar a responsabilidade de dirigir a sua vida. O que você chama de bênçãos constitui na verdade o resultado do seu próprio pensamento espiritual, de suas próprias concepções espirituais, de suas idéias espirituais. São essas as suas bênçãos. Não são vapores que vêm flutuando até você vindos do alto ou de algum lugar "lá fora". São o resultado da sua consciência. São tangíveis.

Até que você selecione, o mundo selecionará para você. Até que você escolha, a vida escolherá para você. A consciência coletiva da raça, a lei das médias, a tabela atuarial escolherão para você se você não escolher. Você tem não apenas a capacidade para escolher e selecionar, mas também a capacidade para fazer o pedido correto ao universo para progredir e crescer, para conseguir seus objetivos, e essa lei do progresso funcionará; e funcionará sob a sua direção.

ATO ONZE: TODAS AS CONDIÇÕES FÍSICAS REFLETEM A CONSCIÊNCIA

Agora você poderá começar a reconhecer que todas as condições físicas refletem a consciência e os nossos estados pessoais de consciência. Tudo é, em primeiro lugar, uma idéia espiritual — um padrão no universo — antes de se manifestar como matéria. Essa é a auto-expressão do Espírito. Assim acontece com o homem enquanto Espírito individualizado: a imagem-pensamento é a progenitora do objeto ou do efeito. É o mesmo princípio e processo que opera em todos os níveis do ser. E é o mesmo poder que cria.

Devido à natureza do ser — Consciência infinita — é consciência o que expressamos. Portanto, *somos consciência*. Somos essa Consciência Una individualizada, e portanto temos consciência. Devido a essa natureza do ser, nossa consciência é a lei de nossa vida pessoal. O pensamento dirige esse princípio mental, que reflete de volta para os nossos mundos a qualidade ou o estado do nosso pensamento, a qualidade ou o estado da nossa consciência.

Estados de consciência pessoais significam seus pensamentos pessoais conscientes e seus padrões subconscientes, a maneira como você pensa e sente a respeito de si mesmo, a maneira como usa a si mesmo. O que você pensa (e que é o estado da sua consciência) — o que sente, o que são suas percepções da vida, do universo, do cosmos ou da ação cósmica, da lei, do poder, do eu, do espírito — reflete-se de volta para a sua vida e para a sua experiência.

O corpo é um campo organizado de substância impessoal; não tem consciência consciente. Não sabe quando está doente ou quando está bem. Seu coração não sabe que é um coração, suas mãos não sabem que são mãos. Sua consciência conhece ambos, o coração e as mãos, e age por meio deles. É por isso que você pode dizer que existe uma perfeita idéia de coração ou de fígado ou de pulmões ou de dedos. Antes do órgão físico ou da experiência, existe a idéia espiritual que está lá. Existe a idéia perfeita, total e completa que chamamos de ação na Mente universal ou Deus.

Nosso estado mental colore os eventos da nossa vida (por exemplo, quando estamos deprimidos, felizes ou frustrados). Você pode perguntar a si mesmo: "Que pensamento tem domínio na minha mente?" Tudo o que você aceita a respeito de si mesmo, e a maneira como você se afirma na vida tornam-se fatos, mais cedo ou mais tarde, e se revelam por si mesmos em sua vida. É essa a chave para a vida e para a mudança.

Essa mente interior fará você doente ou sadio, feliz ou triste, porque não tem vontade própria. Ela não escolhe, não conhece muito a partir desse ponto de vista. Sabe apenas receber, aceitar, reagir e projetar. É esta a sua natureza: refletir e projetar.

O que você é na consciência é exatamente o que você é na vida. Se quiser uma melhor experiência de vida, então você deverá crescer em sua percepção de como a vida funciona, de quem você realmente é. Aprenda como se tornar um ser maior, um ser melhor, um ser mais holístico.

Ato doze: O tratamento espiritual muda o nosso mundo mudando a consciência

A cura espiritual gera mudanças no nosso mundo de experiências mudando a consciência, mudando efetivamente os estados de consciência de negativos para positivos, de sistemas de crença distorcidos para uma abertura à totalidade que poderá se mover através de nós se não a bloquearmos.

No tratamento de cura espiritual aprendemos a maneira de pensar, a maneira de trabalhar com nós mesmos, a maneira de trabalhar com nossa consciência, de cultivá-la, de utilizá-la de modo que ela trabalhe com a lei da vida em vez de trabalhar contra essa lei. O resultado é um certo melhoramento da nossa experiência da vida, que chamamos de cura da mente, das emoções ou do corpo.

O Tao é a verdade chinesa, melhor definida em nossa língua como o Fluxo ou o Caminho do ser, da natureza, da vida. O Tao da cura espiritual é realmente o método da ação transformadora interior. Transformação e cura são as atividades que acompanham o processo do tratamento espiritual.

O tratamento espiritual sempre comanda uma lei, a lei que sabe como fazer e o que fazer, e faz. Você não pode forçá-la de nenhuma maneira. Esse Poder infinito, essa Onipotência, está sempre aí e nunca se retira de você. Ela não pode ser retirada de você. Talvez você tenha se retirado dela devido ao que você acredita a respeito da vida, devido ao estado da sua consciência, devido ao que acredita a respeito da experiência. É o que chamo de mente instruída operante.

O tratamento de cura espiritual reverte as impressões negativas que tomamos como verdade absoluta mas não são. O tratamento espiritual converte tudo em estados de consciência. Toda a essência desse método de cura está no fato de que ela muda a consciência e resulta numa mudança de coisas e de formas.

Tudo é alguma forma de consciência ou de energia se manifestando. Portanto, podemos ver que uma compreensão das verdades a respeito da vida no tratamento de cura simplesmente desacelera a partir de um nível superior de idéias espirituais até um nível mais grosseiro de forma física palpável. Desse modo, podemos dizer que existe um corpo de consciência interior e um corpo exterior expresso em forma física. Eles caminham juntos. São a mesma coisa. Um deles é um alto nível de energia ou vibração, e o outro é um nível inferior, ou mais lento, de energia ou vibração. É, porém, em última análise, e essencialmente, a mesma consciência.

Você pode mudar as suas crenças. Suas crenças estão mudando durante o tempo todo a lei criativa da consciência, a lei do processo criativo em você. Portanto, seu mundo de experiência também pode mudar porque ele reflete tudo o que você é na consciência.

Se você não gosta da sua experiência, mude a sua consciência. Você pode. Você pode mudar as suas crenças mais íntimas. Mas como? Por meio de alguma força de vontade? Por meio da opinião de outra pessoa a respeito do que você deveria ou não deveria fazer ou realizar? Oh, não. Você pode gerar essas mudanças por intermédio de uma nova atitude, que você pode criar. Por meio do tratamento de cura espiritual, você desenvolverá essa nova atitude. Este manual lhe mostrará o caminho.

A nossa consciência da vida, a nossa consciência de Deus, da prece, do que chamamos de tratamento de cura, se refletirão na nossa experiência da vida por meio da lei — sempre por meio da lei.

Você precisa se identificar com algo mais do que apenas com o seu ser físico. Você está identificando a si mesmo como uma idéia espiritual na mente de Deus, e você se identifica portanto como um centro de criatividade divina em ação perfeita.

Quando o seu entendimento a respeito dessa verdade crescer, quando o seu entendimento espiritual se desdobrar e se desenvolver, sua vida se tornará uma expressão mais clara da totalidade, da harmonia e, além disso, suas crenças se moverão para concepções menos limitadas a respeito da vida e a respeito do eu. Você expressará maior liberdade e maior tranqüilidade.

Ato treze: Não devemos focalizar o nosso bem fora de nós mesmos

As pessoas procuram tudo fora de si mesmas. Uma parcela tão grande da religião está voltada para o mundo externo porque é externamente impelida, com freqüência, pelas exigências do pensamento limitado. Espiritualidade, pensamento espiritual e trabalho espiritual são muito diferentes entre si. Em última análise, você precisa enfrentar a si mesmo e a sua própria natureza e pensamento interiores. Você precisa reconhecer quem você é, o que você é e onde você está enquanto consciência, e então trabalhar sobre si mesmo. Encontre a glória em si mesmo, a magnificência de si mesmo, a dignidade de si mesmo, a beleza de si mesmo. Você não precisa de alguém lá fora para concedê-las a você. São dádivas já concedidas. A maioria dentre nós não reconhece que a dádiva está aqui. O que fazemos é nos orientar diante das circunstâncias externas, dos elementos externos e dos aspectos da natureza que tentam usurpar essa autoridade divina que temos em nós mesmos.

Não viva a sua vida no nível das expectativas de outras pessoas. Crie a sua própria expectativa do bem. Afirme sua individualidade. Você precisa aceitar a responsabilidade de dirigir a sua vida. Bênçãos são o resultado de seu próprio trabalho espiritual. Aprenda a procurar poder em seu interior, e não a procurar autoridade fora de você. Não permita que forças externas sejam a principal influência em sua vida.

Você precisa se recusar a ser absorvido por experiências humanas externas. Não seja absorvido pelo mundo. Nem tudo é brilhante e belo. Mas você precisa estar ciente da fonte de experiências e de como mudá-la.

Precisamos reconhecer que o culpado está dentro de nós, e nos lembrar disso. Dentro de nós está a fonte fundamental e a causa dos nossos problemas. Precisamos aprender a olhar dentro de nós, para a Fonte fundamental que há dentro de nós, para a Inteligência que existe em nós. Também precisamos olhar para os nossos pensamentos e para os nossos sentimentos, para a maneira como percebemos a vida, para a maneira como entendemos a vida, a fim de entendermos o que está acontecendo em nossa experiência. Então poderemos reconhecer que a possibilidade de cura está dentro de nós. É onde a verdadeira mudança pode ocorrer. E é por meio de novos pensamentos, sentimentos e ações que a transformação pode acontecer e que a sua experiência pode mudar.

Ou você ou o mundo dirige a sua vida. Ou você dirige a sua vida ou são as crenças e opiniões dos outros que o fazem. Ou nós estamos no assento do motorista ou é o mundo que está, e somos passageiros sendo levados para um passeio. Então as pessoas perguntam por que as coisas acontecem a elas. A pessoa, pensando que se trata de um movimento racional, escorrega do assento do motorista para o do passageiro. Às vezes, pensamos que temos um motorista maravilhoso para nos dirigir. Porém, esse motorista é a saída fácil, por meio da submissão ao pensamento ordinário do mundo. Ele nos levará, ao longo de uma montanha russa, a nenhum lugar.

Podemos desfrutar da vida, contribuir para a vida, mas, essencialmente, nosso bem está dentro de nós, e é aí que precisamos nos concentrar, e não no mundo dos efeitos. Você pode amar outras pessoas, mas nunca ser devastado pelas escolhas que outras pessoas fazem em suas vidas. Elas precisam demonstrar as experiências delas.

A cura nunca provém de um poder externo, jamais. Não existe poder lá fora. A transformação provém do potencial ilimitado que existe dentro de você. A ação curativa resulta do fato de a trazermos das nossas profundezas. Ela é a dádiva da Presença universal e do Poder Superior. Agora, você tem a filosofia fundamental para a cura espiritual. Ao ler o resto deste livro, volte a este capítulo tantas vezes quantas precisar, a fim de esclarecer e de revigorar o seu entendimento das concepções básicas envolvidas na cura espiritual. Agora prosseguiremos para ver como pôr essas idéias para funcionar em nossa vida. O primeiro passo para a cura consiste em aprender de onde vêm as nossas doenças e os nossos problemas. Exploraremos as causas dos problemas no Capítulo 2.

CAPÍTULO 2

Como ocorrem as doenças e os problemas humanos

Todos nós, num grau maior ou menor, temos problemas na vida. A doença, seja ela do corpo físico ou da mente e das emoções, é um tipo de experiência negativa. Você poderia dizer que todo desafio ou todo problema com que você se defronta é energia negativa. Mas nenhum problema é insuperável. Creio que nenhuma doença é incurável; apenas as pessoas são incuráveis. Por quê? Porque experiências negativas existem, mas não têm realidade fundamental. São inversões da verdade ou da natureza primordial. Como explicarei neste capítulo, todas as experiências negativas podem ser neutralizadas. Pensar que algo é incurável ou insolúvel é pensar a partir de um ponto de vista limitado. A profissão médica admite que há sempre mais para aprender, mais para descobrir. Ninguém sabe tudo. E essa é a fonte de esperança para todos.

Doenças, maus funcionamentos e desordens são ações invertidas causadas por uma consciência distorcida ou perturbada, e se manifestam como uma experiência desordenada. Todo problema, de fato, é um estado de consciência temporário que expressa um padrão de mente ou emoção operando através da vida física da pessoa; raras vezes você está conscientemente ciente da ação. É óbvio que desordens e experiências negativas ocorrem, mas podem ser mudadas por meio de conhecimento espiritual no tratamento espiritual dirigido.

Em sua maioria, desordens e problemas surgem de fatores inconscientes. Resultam de algum ferimento, choque ou trauma na experiência pessoal, ou destes em combinação com influências provenientes da consciência coletiva. Pessoas médias, não cientes de si mesmas e não cientes da força mental, vivem a vida na superfície. São continuamente manipuladas por esses fatores da consciência que raras vezes são neutralizados, pois elas não entendem o que está acontecendo ou como devem assumir o comando de sua vida. O estado interior é uma projeção sobre a experiência exterior, e elas não conseguem entender por que lhes acontecem coisas. O que aprendemos a fazer no tratamento espiritual é reconhecer que há o fator da consciência dentro de nós. Aprendemos que podemos estar no controle; que podemos fazer algo a respeito disso, com isso, para o aperfeiçoamento da nossa vida, para a harmonização, se quiserem, de nossa experiência de vida.

A mente é um receptor do que pensamos, bem como uma criadora. Quando pensamos ou sentimos alguma coisa a respeito de alguém ou a respeito de uma situação, ela se desloca para o lado inconsciente da nossa natureza, que em sua raiz está ligado com o princípio da mente universal ou com a lei que cria a vida. Às vezes, nós nos comportamos de uma maneira que não entendemos, pois nossa mente inconsciente ou subconsciente está atuando através de nós.

Então, o problema essencial é a nossa ignorância. É uma concepção errônea e uma percepção errônea do verdadeiro universo do Espírito e de seu infinito conjunto de idéias, e de quem e do que somos nesse princípio vital. Se você pertence a um arcabouço mental religioso, você pode dizer que esse arcabouço é o que você é em Deus.

Nossa experiência reflete, em grande medida, o que se moveu através de nós num nível mental invisível ou subconsciente. Num nível consciente, somos com freqüência iludidos devido ao fato de julgarmos apenas a partir dos sentidos físicos, juntamente com as crenças que sustentamos a respeito do que poderíamos e do que não poderíamos atingir ou experimentar. No entanto, existe algo nas profundezas da mente que, devemos nos lembrar disso, opera em todos nós. Essa profundeza, plano ou energia invisível é o nível da consciência coletiva, abrangendo todas as crenças da humanidade desde os seus primeiros estágios de desenvolvimento. Em conseqüência, somos tríplices na nossa natureza: o resultado de nossa percepção consciente, em seguida o depósito subconsciente de tudo o que pensamos e as correntes inconscientes profundas subjacentes a todos nós.

A pergunta: "Por que coisas más acontecem com pessoas boas?" já está respondida quando examinamos essa condição humana. Além de atos específicos de uma natureza destrutiva, todos os sentimentos pessoais de culpa a respeito de problemas humanos são resolvidos por meio dessa compreensão. Nós estamos mergulhados num mar insondável de consciência. Ele abrange as experiências coletivas e as crenças resultantes da história humana. Ela constitui a herança de todos os seres humanos. Raça, cor, origem étnica são insignificantes nessa percepção do estado primordial a partir do qual cada um de nós emergiu. Aqui estamos, aparentados e semelhantes: indivíduos, vindos porém de uma linhagem espiritual e mental comum. Não existe estrangeiro em nossa terra.

Quando examinamos a nossa natureza consciente comum, vemos que a Mente trabalhou. O que você é enquanto consciência é o que tende a acontecer na sua experiência. A vida traz a você o resultado dos seus pensamentos e sentimentos. Dizemos que você sempre demonstra a sua consciência numa experiência exterior. O que você acredita é literalmente feito a você. Ou você experimenta a servidão ou a escravidão (da mente e das emoções), o uso errado da liberdade dada a todos nós, ou desfruta de um estado de libertação, o uso correto da liberdade. Se quiser uma melhor experiência de vida, você precisa crescer em sua percepção da maneira como a vida opera, de quem você realmente é e de como dirigir o processo de criação do seu ser.

Com freqüência, pelos nossos sistemas de crença, resistimos à verdade e não permitimos que ela caminhe através de nós de uma maneira construtiva. Está sempre caminhando em nós, mas congestionamos sua ação filtrando-a através de opiniões, crenças e expectativas negativas de carência, de perda e de limitação, como explicarei mais adiante neste capítulo.

Ou viemos do Espírito e expressamos o Espírito em nossa natureza real e essencial, ou expressamos e vivenciamos o condicionamento do passado: crenças e aceitações da consciência humana coletiva e de suas imaginações e temores. Psicologia, cursos sobre controle da mente e práticas exóticas de meditação não podem nos ajudar na análise final. Podem produzir uma atitude melhor, que nos ajudará a vivenciar relacionamentos mais ajustados e mais eficientes. Porém, nunca podem produzir o estado de consciência iluminado que permite ao indivíduo voar bem acima da experiência limitada dos sentidos.

Precisamos entender que somos raciocinadores dedutivos. O raciocínio dedutivo opera sobre concepções ou idéias que podem não ter ainda uma forma objetiva. Essa é a ação de um princípio mental universal em nós. Não depende de fenômenos objetivos, venham eles do passado ou do presente. Sua criatividade é ilimitada. *E ele sempre aceita o ingresso (pensamentos) a partir da mente pessoal objetiva ou consciente.* A maneira como pensamos a respeito dele é a maneira como ele reage a nós.

Se você pensa nele como um poder limitado, parcial ou tendencioso, então é exatamente essa a qualidade da experiência que você criará. Somos criaturas de criatividade e não podemos deixar de usar a lei da mente para produzir formas manifestas em nossa vida. Esse princípio mental é inevitável. Sempre funcionará para nós, através de nós. Na análise final, determinamos a qualidade da nossa experiência. Com precisão e poder, a ação da consciência produz e projeta.

Você considera as circunstâncias externas como básicas e essenciais para o seu bem-estar? Se a sua resposta é "sim", então você está operando no nível das causas secundárias, com seus medos, dúvidas e limitações. Estes, por meio do seu pensamento, atuam sobre a lei universal da mente subjetiva, que continua a criar condições externas. Para reverter tal ação, você precisa redirecionar seu pensamento das condições enquanto causas para a idéia espiritual subjacente, sabendo que *ela* é substância e poder fundamental e que *ela* criará a experiência desejada.

Nada nem ninguém pode fazer a você algo que você não permite que lhe aconteça, que você não aceite por meio do medo ou de algum construto negativo primitivo da nossa herança tribal, ou então por meio da crença em várias práticas ocultas.

A mais óbvia é a pura sugestão negativa de que algum mal ocorrerá na sua vida devido à infração de alguma regra feita pelo homem. Membros de certas seitas são mantidos na linha por essas obrigações criadas para controlar sua condição de membros. Em nossa época, vimos várias tragédias, tais como a de Jonestown, onde grandes grupos foram levados ao suicídio em massa. Com freqüência, práticas de vodu incluem a colocação de penas de um certo galináceo, desenhos de partes de animais ou essas próprias partes na entrada da casa da vítima.

Alguns grupos religiosos evoluíram a partir do lado mais positivo desse fenômeno mental. Durante a Segunda Guerra Mundial, desenvolveram-se os assim chamados *cargo cults*. Foram o resultado do fato de certos nativos de ilhas do sul do Pacífico começarem a cultuar a fonte de vários produtos que chegavam às praias vindos do mar. Eram os restos de navios cargueiros torpedeados. Com o passar do tempo, foram desenvolvidos um ritual e um culto para pedir à fonte desconhecida ajuda e suprimentos. Quem sabe que benefícios foram coletados por esses "crentes" cujo pensamento afirmativo exerceu impacto sobre o princípio mental criativo com fé e crença inabaláveis no "grande poder". Podemos dizer que foi uma fé mal colocada, mas o fato é que "conforme você acredita, assim acontece com você".

Não procure fora de você pelo seu bem. A causa básica da sua felicidade ou da sua infelicidade não está fora de você, mas no seu interior. Se você compreende que as causas não são externas, você pode dirigir o fluxo da sua vida.

Nossos cinco sentidos comunicam aquilo que chamamos de causa segunda. Se você se orienta apenas até o nível da experiência humana, você vive num domínio dessa causa segunda e de seus efeitos. Isso é pensar, viver e se relacionar apenas no nível do mundo físico. Na verdade, a fonte de toda limitação é esse enfoque na causa segunda e na experiência dela resultante. Os cinco sentidos não podem conhecer a causa primeira; podem conhecer somente a forma, a área da ilusão e da desilusão. (Por exemplo, a dor física é comunicada por meio de um centro nervoso no cérebro. Não está na própria forma material.) Quando você pensa a respeito da fonte espiritual da existência, você está se relacionando com a causa primeira. Então você reconhece que a saúde ou a totalidade opera por toda parte, esperando o reconhecimento do homem. Ela sempre esteve lá para que o homem a reconheça. A saúde é o *continuum* do Espírito. A doença e outras experiências negativas apenas chegam e partem. Você pode entender que, no próprio ápice da doença ou da perturbação, a totalidade do Espírito reina em sua glória.

Raciocinamos espiritualmente a respeito das nossas circunstâncias físicas, trazemos conosco discriminação espiritual para suportar as sugestões de dor, de medo e de doença. Começamos a ver com uma nova visão. Essa é uma nova idéia e um entendimento espiritual da totalidade essencial do universo. Isso produz uma transformação da consciência, que se manifesta como totalidade ou saúde em nossa experiência física.

O tratamento espiritual, pelo processo de quatro passos, dissolve a consciência que produz a doença. A identificação correta da pessoa como uma perfeita idéia espiritual libera o problema, e ele se dissolve nesse "conhecimento" espiritual. (O processo em quatro passos é explicado no Capítulo 3.)

Há uma realidade única. É universal e está sempre presente. É esse o ponto vantajoso a partir do qual você vê a vida? O que você acredita a respeito da causa que está por trás de todas as situações? De onde vêm o desencorajamento, o medo, a dúvida e o desânimo? Eles não podem proceder da Fonte eterna, esse perfeito manancial de vida, o Uno inexaurível. Portanto, devem provir do interior da sua própria consciência, da sua abordagem e da sua atitude com relação à vida. Você precisa descobrir a fonte se quiser ser por ela suprido. Você precisa estar corretamente posicionado com o universo. Você precisa sentir que expressa a vida de Deus se quiser realizar o espírito em sua vida.

Nossas doenças e nossos problemas são reais para nós porque eles são tudo o que vemos, e por isso acreditamos neles. Temos mais fé no problema — na dificuldade, no medo, na ansiedade, na doença, na aflição ou na carência — do que na totalidade inata, na harmonia e na beleza que existe, na ordem espiritual. Nossa fé está, simplesmente, mal colocada.

A INFLUÊNCIA DAS SUAS VIZINHANÇAS

O mundo das crenças humanas conspira para fazê-lo sentir-se menor e desconectado. Não fique absorvido, hipnotizado pelas más experiências de vida. Se você se aprofunda mais no problema, você pode ser apanhado por ele. Você deve olhar com uma visão mais profunda e diferente.

Você precisa viver a *sua* vida, não a vida dos seus pais, dos seus amigos ou de qualquer outra pessoa, não a vida que outra pessoa quer que você viva. Se você enfatiza demasiadamente as opiniões de outras pessoas, você pode cair vítima do que chamo de síndrome da sugestão tóxica, e as opiniões e crenças do mundo o arrastarão para baixo.

Vivemos numa atmosfera de insegurança, de desconfiança e de persistente ansiedade. Os mais bem-sucedidos dentre nós são afligidos por um sutil medo da perda. Essa é a razão pela qual nos agarramos firmemente às coisas materiais e enfocamos o sexo, a realização e várias formas de estímulo físico ou de sedação. É uma mistura louca de altos e baixos de um tipo ou de outro. E é um mundo de sugestões multiplicadas por sugestões vindas dos domínios de um consciente e inconsciente desajustados. Expressa-se através de análises, de julgamentos e de conclusões errôneos e multifacetados. Tudo isso e ainda mais é o que eu entendo por síndrome da sugestão tóxica. Cada um de nós, em grande medida, sofre dessa penetração persistente de consciência negativa. É uma negação da totalidade, da beleza e da ordem essenciais que constituem o universo do Espírito, o fundamento subjacente da vida.

A mente é um mecanismo incrível. Nunca nos esquecemos de nada, embora esse nada possa não permanecer na nossa mente consciente. Uma vontade negativa não nos deixará, embora possa permanecer latente; ela permanecerá no inconsciente até ser removida por meio de uma negação veemente e dirigida. Isso dá início à demolição do velho padrão nocivo e torna possível um padrão novo e saudável.

Olhe para além das condições do seu mundo como a causa ou o aspecto causal da sua vida. Em sua maioria, as pessoas procuram pelas condições que produzem as causas. Porém, na cura espiritual olhamos para além das condições porque não queremos aceitar condições como causas em nossas vidas. Se você enxerga dessa maneira restrita, pensando apenas em função das condições físicas, então a tendência do seu pensamento é no sentido de demonstrar isso em sua vida por meio da ação reflexiva da Mente, e as coisas más que você teme começam a acontecer.

A SAÚDE É UM ESTADO DE CONSCIÊNCIA

O corpo físico (órgãos e funções) é a expressão física da energia vital como é expressa por meio da *sua* consciência. O corpo e a condição do corpo são o resultado de nossas crenças a respeito deles e da causação. Embora a ciência médica tenha realizado grandes avanços nas últimas décadas, grande parte da medicina funciona devido às crenças que as pessoas têm a respeito dela.

A saúde não é apenas o corpo; é um estado de consciência. O corpo é um campo de substância impessoal organizada; não tem consciência de si mesmo. Não sabe quando está doente ou quando está bem. Ele manifesta o que a sua consciência é. O seu coração não sabe que é um coração, os pés não sabem que são pés. Sua consciência atua por meio deles. A causa não está no efeito — coração, fígado, pulmões, baço, cotovelos ou braços. A causa está num padrão espiritual, que está por trás desses órgãos ou dessas partes do corpo. Como eu disse, há uma idéia espiritual do dedo e o seu dedo. A idéia espiritual que está por trás do seu dedo é o plano divino da ação perfeita, a perfectibilidade da ação (do ser), que emergiu por meio do processo criativo como seu dedo. Essa idéia perfeita do dedo é o seu dedo agora, sempre foi e sempre será. É, antes de mais nada, uma idéia; sua forma física é secundária.

Como a forma está sempre num processo de mudança física, podemos olhar para o plano divino, que não muda. A perfeita idéia do dedo está sempre lá, no padrão universal do corpo. O despertar mental para essa idéia, a percepção dela, que o tratamento espiritual estabelece, gera uma mudança na estrutura celular, nas mudanças que estão ocorrendo perpetuamente nesse dedo. Agora, a mudança está num padrão do plano divino de totalidade e não em algum trauma ou padrão de crença subconsciente, em alguma ferida ou no que quer que seja que você esteja dissolvendo por meio de tratamento. Então, o padrão interno ou subconsciente de desordem que bloqueava a idéia divina, impedindo-a de fluir através de você e de se expressar como o seu dedo perfeito, é apagado. Eis como o tratamento funciona com o subconsciente. Então, a totalidade é revelada.

As pessoas ficam perturbadas quando alguma coisa lhes acontece, e isso se deve ao fato de que não estavam cientes da saúde como uma coisa inata. É a concepção de totalidade que elas precisam entender mais e mais.

Uma doença específica não é sempre o resultado do pensamento a respeito dessa condição, mas, em vez disso, é um estado mental discordante ao longo de um prolongado período de tempo, que resultou em alguma forma de desordem física.

Um estado mental depressivo, isento de alegria e basicamente negador da vida também pode levar a experiências de vida negativas. Para ser perfeitamente simples, se há maus pensamentos juntamente com bons pensamentos em sua consciência, o mau se expressará juntamente com o bom, já que uma lei da mente está sempre ativa. Pense sobre onde o seu pensamento vai em primeiro lugar: para a ausência ou para a presença. O seu copo está metade vazio ou metade cheio? Oito em cada dez vezes, os pensamentos das pessoas estão focalizados na ausência. Com uma tal perspectiva limitada ou negativa, a restrição está fadada a prosseguir na vida.

O ser humano conhece limites. O ser humano conhece frustrações. O ser humano conhece o "não", pois o ser humano pode aceitar todas as razões ou a base racional que está por trás da frustração, da carência, da perda e da limitação. Porém, o ser humano também pode mudar esse conhecimento e se deslocar da ignorância para a percepção espiritual. A percepção sempre se manifestará devido à ação reflexiva da Mente. Ela é um elemento essencial do processo criativo, que é a lei da mente e da vida. Você não pode fugir da reflexão. O que você é na consciência, internamente, sempre se reflete ou se expressa externamente, no seu mundo da experiência.

Se o padrão é beleza, se é ordem, se é harmonia, se é totalidade, isso proporciona vida à sua experiência. O princípio universal da vida começa a operar sobre o padrão que se manifesta na nossa vida. Porém, se o padrão interno é perturbação, desarmonia, medo da desordem, medo da doença, medo da aflição, uma orientação voltada somente para a expectativa negativa, então isso começa a se refletir na nossa consciência e, finalmente, na nossa experiência de vida.

As pessoas se encaixam dentro de estados de experiência por meio de sua consciência. O que precisamos reconhecer é que o estado "encaixado" não é o que somos. Lembre-se sempre de que a doença e a desordem não são uma necessidade, e que a saúde e a ordem são normais. Somos abertos, livres e plenamente receptivos à ilimitada ação da vida, da mente, e essa ação se expressa por nosso intermédio durante todo o tempo. Precisamos aprender a entender essa verdade e aceitá-la como nossa realidade.

A REPETIÇÃO DE EXPERIÊNCIAS PASSADAS

Como você está usando a sua capacidade de pensar? O que você está fazendo com essa capacidade? Você está usando o seu pensamento simplesmente para repetir um círculo de evidências e de eventualidades? Você está usando o seu pensamento para repetir o círculo de tudo o que você já vê, ouve ou conhece? Sua história repete continuamente a si mesma? Você é um círculo que repete o mesmo *loop* de fita, emitindo sempre as mesmas mensagens?

Se estivéssemos destinados a repetir o passado, a viver num círculo restrito, então seríamos parecidos com as formas inferiores de vida. Elas repetem, de geração em geração, a experiência idêntica. Fazem eco aos padrões e ao desempenho dos seus progenitores. Sejam elas formigas ou antílopes, não apresentam desenvolvimento além de um nível definido. A repetição é típica da ação instintiva. É isso o que você é? É isso o que você reconhece como a experiência da sua vida?

Cada um de nós é a individualização de uma continuidade em desenvolvimento, capaz de apanhar o passado e levá-lo para o futuro num novo nível ou ciclo de manifestação. Isso pode ser descrito como uma espiral de expansão do bem. A natureza revela que estamos destinados a seguir, não um círculo repetitivo, mas um ciclo evolutivo ou ação criativa de vida. Se vivemos somente na dimensão do círculo, repetimos no presente as ações passadas. Nosso futuro torna-se uma continuidade modificada do passado. E nunca sairemos desse círculo de experiência repetitiva. Somos capturados por ele. Parece um labirinto sem saída.

Porém, o nosso desejo de ser livres nos leva para fora dessa armadilha. Leva-nos a ver a nós mesmos como seres dotados de poder pelo próprio Espírito. Isto significa crescimento espiritual, introvisão e percepção do nosso potencial e das possibilidades para o uso criativo do pensamento. A pessoa é capaz de tomar decisões construtivas e de se mover para a frente. Uso a palavra "ciclo" para uma série que chegou ao fim num giro completo, tendo atingido agora um nível superior, um nível acima de onde esteve antes.

Eu chamo essa perspectiva e esse longo alcance espiritual de espiral do infinito. Todos nós seguimos básica e essencialmente essa espiral do infinito. É o processo criativo sempre produzindo algo novo e melhor. No entanto, isso provém do que veio antes, não acontece simplesmente nem cai do céu. O processo criativo na vida — em você, em mim, especialmente naqueles que percebemos como criativos — produz sempre, por meio da consciência, algo *mais*, algo além dos níveis prévios.

Lembre-se: pode ser na *mesma hora*, porém será num *novo dia*. Pode estar situado no *mesmo canto*, mas é um *andar superior* com uma *vista melhor*. O movimento para cima e para a frente é a ação transformadora, curativa, que reside em você. É o potencial para a realização interior.

Você não pode retroceder para o passado e ao mesmo tempo movimentar-se para o futuro. Se o tentar — seja em pensamento ou em sentimento — você não poderá caminhar para a frente. É tarefa sua ver a si mesmo de uma maneira límpida e revigorada *no presente*. É claro que você fará um uso construtivo de tudo o que você aprendeu e viveu no passado. Mantenha, porém, a sua visão voltada para cima e olhando para a frente.

A IGNORÂNCIA COMO CAUSA DE PROBLEMAS

Insuficiência, sofrimento, frustração — todas essas coisas são produtos de certa aquiescência a uma crença numa vida limitada: certa atitude, certo estado mental ou de consciência. Tudo isso tem a ver com o que você pensa a respeito da vida.

São as nossas ações negativas e as reações desordenadas à vida que criam os problemas que nos afligem. Podemos ver que essas dificuldades e desordens são produzidas pela ignorância, a ignorância da natureza da lei da vida. São causadas pela raiva e pelo ressentimento, pelo medo e pelo ódio, pela confusão e pela ansiedade, e por uma miríade de outros estados mentais perturbados.

Permitimos a nós mesmos cair na armadilha da ignorância: crenças, opiniões e raciocínios que são, com freqüência, errôneos, que sempre nos puxarão para dentro do pântano do negativo, quando nos agarramos à consciência humana, de opiniões, crenças e experiências físicas. A humanidade, na ignorância, tem aceito uma maioria de opiniões e de crenças negativas a respeito de si mesma. O efeito resultante é a história humana. O sofrimento, a dor, a desordem, a doença, todo tipo de infelicidade são resultados da ignorância e de suas concomitantes infrações da lei da vida, o movimento da natureza para a frente. A coisa interessante é que a ignorância que contribui para as transgressões da lei também possui um aspecto positivo. Para muitos de nós, é o sofrimento, a desordem, a perturbação, a doença ou a aflição que nos despertam e nos fazem procurar uma solução ou uma saída. Quando nosso pensamento desperta, começamos a procurar por significado e por respostas para as questões essenciais. Quanto mais nos entendemos como ações do Espírito e nos relacionamos com a Mente infinita, mais somos capazes de utilizar construtivamente a lei de Deus ou a lei da Mente criativa.

Você precisa ver a si mesmo de maneira correta. Se você não se vê corretamente, então você não está direcionando adequadamente a sua consciência, mas está direcionando as suas crenças a partir da visão limitada da vida. Você está sendo absorvido por essa visão limitada. Não está direcionando suas crenças para fora dessa limitação e dessa carência, e em direção à totalidade, à abundância, ao suprimento infinito, ao bem infinito, à beleza e à Inteligência absoluta que estão "lá fora", e que são a Fonte de tudo o que nos cerca. Não são apenas a Fonte, mas também a Causa final, que está profundamente dentro de você.

Ou é a ignorância ou é o entendimento espiritual que está operando em você a cada momento, a cada dia, através de cada experiência ou de cada desafio, em cada encruzilhada de sua vida. Cada momento é uma encruzilhada. Em cada momento, temos o desafio da seleção, da escolha.

Viver sem fazer escolhas é uma impossibilidade. Viver sem fazer escolhas é simplesmente uma escolha de não tomar uma decisão, mas sim de deixar que as areias movediças da experiência humana e da consciência coletiva se movam através de você, vivam a sua vida por você.

Com freqüência, por meio do nosso pensamento, ou do uso ignorante do pensamento, da consciência, utilizamos de modo errado as leis da vida, da natureza. A lei universal é uma lei de causa e efeito, e não uma lei determinista que não podemos dirigir. Em nossa experiência, ela produz através de nós, em nós e para nós o que somos na consciência. Se somos incultos, não-refinados, se estamos repletos com os níveis mais baixos da emoção — cobiça, medo, raiva, avareza, ciúme, ódio — ela opera de maneira normal, natural, como lei na vida: uma lei de ação e reação, de causa e efeito, para trazer até nós a desordem ou a perturbação que estamos produzindo por intermédio da nossa consciência. Se você vem da ignorância, é isso o que você vivencia.

O MEDO CAUSA DESORDEM

Se a parte interior de uma pessoa é desajustada, externamente essa pessoa estará distorcida, e a distorção atrairá para a vida dela a desordem, o desajuste, a perturbação e a aflição, por meio de pessoas, situações e eventos. Devido ao fato de que o eu interior pode assim ser distorcido por opiniões, pensamentos, crenças e sentimentos negativos, isso poderá, literalmente, criar doenças e mau funcionamento dos órgãos. Todo o campo do psicossomático está envolvido com a tentativa de aprender mais a respeito dessa conexão mente-corpo e da ação que ocorre por meio do movimento da energia da parte interior para a parte exterior do ser.

Aprendemos, graças à observação da vida, que muito do que acontece conosco acontece devido ao nosso medo ou aos medos que internalizamos a respeito da vida. Aprendemos este axioma: o medo causa a desordem. Num grau ou em outro, o medo rompe a ordem. Às vezes, é um tremendo medo, sozinho, que o faz; às vezes, é apenas um pequeno componente dentre muitos outros aspectos do sistema de crença de um indivíduo.

Há medos conscientes e medos inconscientes. Você pode reconhecer os medos inconscientes apenas sendo sensível a si mesmo, ficando ciente dos sentimentos sutis que você tem quando precisa empreender algo ou se defrontar com alguém ou enfrentar um desafio. Esse medo pode ser escavado. A psicologia nos ensinou muito por meio do método da psicoterapia, que se concentra no processo de escavação. Estados mentais ou emocionais perturbados estão centralizados no medo, em suas raízes. Pode ser medo de rejeição ou de que não se consiga encontrar um relacionamento amoroso recíproco. Pode ser simples como o medo de ficar doente ou de perder o emprego.

Uma das maneiras pelas quais você pode escavar o medo é ouvir a si mesmo e anotar os pensamentos que recebe do interior de sua mente. Eu dou a esse processo o nome de "Formação". Essa é uma coisa que qualquer pessoa pode fazer em qualquer ocasião. Você precisa de um caderno de anotações e de um lápis, e também de algum tempo para se sentar tranqüilamente. Isto é tudo. Explicarei como fazer a Formação no Capítulo 4.

Quando você fizer a Formação, terá uma nova idéia a respeito de onde você está na consciência, do que são os seus pensamentos e os seus sentimentos, em quem ou a respeito do que você está obcecado — internamente, e não necessariamente externamente.

A mesma parte interior ou subconsciente de você aceita aquilo que ela percebe como sendo conhecimento espiritual, e reage a ele. É o mesmo processo que ocorre quando ela recebe medo, ansiedade ou as conclusões que você tira do *stress* na sua vida diária. Assim como acontece com cada pensamento e sentimento, suas introvisões e penetrações intelectuais são retidas internamente, num nível subconsciente. Por fim, são manifestadas na sua vida — seja como experiência física ou como pensamentos inspirados e de iluminação espiritual.

O medo e a dúvida sempre estabelecem um novo núcleo para a criatividade baseado na causação material ou secundária. Como assinalei anteriormente, se você pensa ou raciocina a partir desse ponto de vista, você bloqueia o movimento para a frente da Força maior na sua vida. Desse modo, o medo pode ser visto como bloqueio. No instante em que você obtém "conhecimento" ou realização espirituais trabalhando na sua consciência por meio do tratamento de cura espiritual, os bloqueios começam a se dissolver e você está no seu caminho para a liberdade e para uma experiência de cura.

Bloqueio e negação

Para curar nossos males e resolver nossos problemas, precisamos ficar cientes do fato de que estamos bloqueando a luz por meio das opiniões e das crenças negativas e das negações que temos em nossa mente. A combinação da consciência coletiva e do condicionamento pessoal individual atua como um inibidor, um bloqueio ao transbordamento da energia criativa que destruirá os bloqueios e permitirá que o padrão verdadeiro flua através de nós.

Nós, literalmente, criamos um mundo de sombras, e nos relacionamos com o mundo de sombras e consideramos a sombra como a realidade e nos esquecemos de que a sombra não existiria se não houvesse uma luz por trás dela. Há um estado de consciência que, de alguma maneira, pode parecer que está criando essa sombra: é um estado que bloqueia a luz de modo que apareça uma sombra.

Essa sombra é meramente um reflexo da resistência e das crenças negativas humanas. Digo "meramente" porque estamos aprendendo neste manual como apagar a causação mental que cria a terra das sombras, onde parecemos morar e sofrer e temer e sentir dor e angústia e raiva. Uma vez que obtenhamos a iluminação, que é uma percepção da luz interior, que é a luz onipotente e onipresente do universo, então ocorrerá a ação curativa.

A DOENÇA E A DISCÓRDIA COMO NEGAÇÕES

Outra maneira de descrever a doença e outros problemas consiste em encará-los como uma negação da verdade. Nesse sentido, uma condição negativa é simplesmente a negação de uma condição positiva. Com freqüência, negamos o bem porque a experiência humana é, via de regra, uma experiência de negação. Ela nega a totalidade, a harmonia e o amor, afirma os altos e baixos da vida, os ritmos e as flutuações da vida. Em si mesmo, o negativo não tem existência real ou substancial.

A negação aparece como uma mentira, não porém no nível espiritual. Ela existe no nível do físico, da forma, como um fato, mas não como uma realidade no nível do Espírito. A negatividade é sempre um fato temporário.

O Infinito diz "sim" à vida; nunca diz "não", nunca rejeita. Sempre responde às exigências que lhe são feitas. Responde através da consciência do ser que lhe faz exigências. Se você vem de uma tradição de negatividade, que o fez acreditar que você é, de nascença, indigno, mau, maldoso, o Infinito refletirá essa negatividade de volta a você. Você precisa trabalhar sobre si mesmo para se livrar dessa idéia. Sua crença pode provir de certas concepções religiosas ou filosóficas mal-entendidas. Pode provir de um pai, de um professor ou de alguém que você respeitava e que lhe disse algo como: "Você não é bom, nunca foi e nunca será." Eles podem não ter pretendido dizer isso, mas é isso o que você absorveu e que está vivendo em você.

Independentemente de onde venham, esses pensamentos negativos têm poder. Não existe princípio, Deus ou força vital que estejam criando essa realidade para você. Somente o seu pensamento de que, de alguma maneira, você é indigno impede que o bem flua através de você e para dentro da sua experiência.

Você precisa se livrar da negatividade, extirpá-la, eliminá-la por meio do tratamento espiritual. Você é digno do melhor porque provém da melhor e da mais alta fonte de vida. O Infinito está sempre dizendo "sim" a você, "sim" através de você — isto é, através do seu estado mental, da sua consciência. A vida não pode lhe dar mais do que você aceitará. É simples assim. No presente, você está agarrado a algumas velhas idéias, pensamentos e concepções, e por isso você é incapaz de receber tudo o mais que a vida lhe oferece. É esse o seu nível de receptividade. Você precisa aprender a entender seus direitos divinos e a tomar, a receber e a desfrutar do que recebe com alegria, gratidão e felicidade.

A CONSCIÊNCIA COLETIVA

Em sua maioria, as pessoas suportam pacientemente a natureza e a vontade do mundo — as opiniões e as crenças, o medo, a ansiedade, o *stress*, a tensão, a antecipação de vários resultados negativos, a restrição, a limitação, as inclinações, o preconceito do mundo. Vivendo neste mundo, neste domínio da consciência, você está vivendo e morando num domínio de restrição, e não pode demonstrar liberdade quando sua consciência está no domínio da restrição.

Muitas das coisas que acontecem a você, embora estejam acontecendo através de você, estão acontecendo não apenas devido ao seu pensamento consciente, mas devido a muitos níveis de ação que são chamados de inconscientes, que provêm das crenças e das experiências coletivas da raça humana. Muitos dos problemas que nos perturbam vêm dessa "mente racial", como nós a rotulamos.

A consciência racial constitui-se de "impressões" conscientes e inconscientes. Pessoas, cidades, metrópoles e nações transpiram essa consciência coletiva. A consciência racial também inclui a história humana.

Você permanece sob o fardo das tradições, das concepções e da consciência coletiva do passado, até despertar para a sua conexão pessoal com a Fonte espiritual e com a maneira como a lei da Mente criativa funciona para você.

NEGAÇÕES VINDAS DA EXPERIÊNCIA DE VIDA

Desde a infância, somos orientados a não escolher por nós mesmos. Isso é apropriado quando somos jovens e incapazes de cuidar de nós mesmos, mas não quando somos adultos. Porém, essa dependência foi instilada em nós. Não vivemos nossa própria vida, mas a vida que outras pessoas têm dirigido para nós. Ficamos acostumados com esse padrão — receber orientação de fora. Não somos ensinados a raciocinar, a pensar claramente a respeito de nós mesmos. Em conseqüência disso, quando adultos, a maioria dentre nós desperdiça a sua vida, nós perdemos autonomia. Não podemos evitar isso, já estamos padronizados para fazê-lo.

Precisamos aprender a pensar clara e corretamente a respeito da vida, de nós mesmos, do poder e da autoridade, e de toda a experiência de vida no planeta Terra. No final das contas, a maneira como você pensa a respeito da vida é a maneira como você demonstra a vida.

Nos primeiros anos da nossa infância, disseram a muitos de nós que não tínhamos talento, que parássemos de brincar ou de fazer algo que nossos pais não queriam que fizéssemos. Talvez, quando ficamos mais velhos, nos ensinaram a ser muito práticos e a fazer a coisa prática. Essas exortações amortecem os anseios criativos que temos e toda a vontade de nos arriscarmos e de nos expandirmos e de saltarmos para a frente. Quando crescemos, fazemos a coisa prática para conseguir o emprego ou o trabalho ou algo mais que nos manterá dentro do domínio do que é respeitável e aceitável. Mas aceitável para quem? Aceitável para aqueles ao seu redor que, num certo sentido, você está imitando; você absorveu e assumiu o sentido de respeitabilidade deles e o sentido do que, segundo eles, é o certo.

E de onde é que eles estão tirando esse sentido? Essa é a próxima grande questão. Parte dele provém dos seus antepassados, dos seus pais, dos seus companheiros e da "mídia" que o cerca num determinado momento. É uma coisa muito perigosa, e também uma coisa muito corajosa, dar um passo em direção à criatividade e ser uma pessoa conscientemente criativa. Admiro todas as pessoas criativas, tenho grande respeito por elas. A criatividade toma muitas formas e é um importante ingrediente numa vida feliz.

De fato, pecados, fracassos e enganos são importantes para aqueles que não têm um propósito criativo. Eles fornecem uma visão de mundo e um padrão de medida completos para avaliação e julgamento pessoais. O assim chamado pecado, que literalmente significa "errar o alvo", é o colapso moral e ético de uma mentalidade frustrada. Métodos tortuosos e aberturas para emoções e impulsos negativos vindos do nosso interior são o resultado direto de uma consciência frustrada: uma mente com uma visão limitada de si mesma e de suas potencialidades para a realização. É em grande parte uma crença no estado de impotência. E a única cura para a crença no pecado é a convicção oposta no Poder divino como inerente em cada indivíduo.

Os malogros e os assim chamados enganos (errar o alvo com relação a metas humanas) são momentos da experiência em andamento. Não podem ser vistos como estados de ser permanentes, mas, em vez disso, como momentos passageiros numa progressão eterna. Como tudo o mais no mundo físico e material, há uma perfeita idéia espiritual por trás de cada ação e de cada experiência. Uma vez reconhecida e produzida por meio da consciência do indivíduo, a experiência humana é resolvida e redimida, e a pura harmonia do ser é revelada. Isto é uma teoria, uma prática e um fato demonstrável. É uma questão de aplicar as técnicas de cura espiritual a cada aspecto da vida humana.

A LEI DAS MÉDIAS

Do ponto de vista cósmico, a inteligência funciona por meio de uma lei das médias, permitindo assim que os chamados acidentes e fracassos aconteçam com as pessoas, o que, em parte, se manifesta como a sobrevivência do mais apto de Darwin. Essa lei das médias funciona para manter o equilíbrio da natureza. Nos seres humanos, o desenvolvimento da inteligência consciente torna o indivíduo menos uma vítima da lei das médias e mais um controlador e um diretor de condições.

Se você pensar em função da dependência, sempre focalizado em coisas externas, permanecerá vítima da lei das médias. Você precisa começar a pensar como um produtor de idéias independente.

CONDICIONAMENTO MENTAL

Precisamos respeitar o maravilhoso avanço revolucionário da ciência da física obtido por Einstein. Ele foi um gênio raro que, por meio de sua teoria da relatividade, abriu as portas de um mundo inteiramente novo. No entanto, mesmo Einstein nem sempre caminhou para a frente. Ele permaneceu no seu próprio domínio de pensamento, enquanto outros cientistas começavam a falar a respeito de "mudança de paradigma", uma mudança no padrão de pensamento, de consciência, de energia, que correspondeu a outro movimento para a frente na teoria física. Esses outros cientistas começaram a descrever fenômenos muito interessantes que observaram na vida.

Um cientista em particular, Werner Heisenberg, falava a respeito de um princípio de incerteza. Einstein não podia aceitar muitas dessas idéias, que eram baseadas na mecânica quântica. Ele parecia congelado no seu velho domínio de pensamento. Isso mostra como o condicionamento pode escravizar até mesmo uma mente brilhante como a de Einstein, pois ele não podia se mover na direção dessa nova concepção, que é hoje chamada de "nova física".

Isto não se destina a trivializar Einstein, que era obviamente dotado de uma mente magnífica e que contribuiu para a vida quase mais do que qualquer outra pessoa nos tempos modernos. Por outro lado, você precisa reconhecer, no que se refere à consciência humana, a maneira como podemos limitar a nós mesmos. Até mesmo um grande homem como Einstein se limitava num certo grau. Sempre se lembre de que você é mais do que a sua mente condicionada.

As pessoas, com freqüência, têm ilusões e são por elas desiludidas, às vezes agindo de uma maneira terrível. A manchete de uma história que apareceu na primavera de 1989 no *New York Daily News* dizia: SÓSIA DE MARILYN MORRE DO MESMO MODO QUE ELA. A história relatava que "Kay Kent, 24 anos, modelo bastante conhecida, que ganhava 90.000 dólares por ano imitando Marilyn Monroe, foi encontrada morta em circunstâncias semelhantes às da morte da atriz de Hollywood".

Eis aqui uma pessoa que foi subjugada e imolada, num certo sentido, da ilusão de sua unidade com uma personalidade humana, com uma concepção de ser limitada, perturbada, distorcida. O irmão dela declarou: "Não sei por que ela se matou. Tinha centenas de pessoas ao seu redor. Talvez tivesse morrido de solidão." Não é essa a história de Marilyn Monroe? Não é estranho que mesmo com centenas de pessoas ao seu redor, pode-se ainda se sentir absolutamente isolada devido a uma percepção internalizada da vida? Não é o que acontece com você, mas o que você faz para si mesmo que se projeta como sua experiência de vida.

Muitos pensamentos e atos conscientes repetidos tornam-se padrões subconscientes, e a estes chamamos de *hábitos*. É onde impulsos voluntários tornam-se forças involuntárias. Daí a necessidade de guardar e de dirigir nosso pensamento consciente.

O que exigiu de você talvez muitos e muitos anos pode produzir alguma desordem ou perturbação na sua vida. Pode ser uma doença física, um distúrbio mental, ou pode ser uma relação pessoal ou envolver sua atividade profissional e sua experiência de trabalho. Tudo está inter-relacionado e tudo funciona da mesma maneira. Provém de uma distorção de alguma coisa rica e maravilhosa que vive dentro de nós. Essa coisa se torna distorcida, bloqueada, e em seguida ingressa em nossa vida como uma desordem.

Apenas ter esperança devido a alguma crença intelectual não funcionará. Precisamos redirecionar os padrões. Os padrões estão dentro de nós; esse é o bloqueio, a distorção. Podemos dirigir os padrões por meio do entendimento espiritual e do trabalho espiritual no tratamento de cura. Mas isso requer uma boa dose de determinação.

Se você duvida do tratamento espiritual ou se tentar manipular o resultado, você estabelecerá um novo protótipo ou padrão que apagará o original no trabalho de tratamento. O pensamento produzirá sempre um protótipo espiritual, e você deverá deixá-lo em paz para que ele produza o seu efeito.

Doença, enfermidade

A enfermidade, seja ela do corpo físico ou da mente, é, basicamente, um estado de consciência. A enfermidade é um efeito e uma projeção de um estado de consciência errôneo que influenciou o corpo. Ela confunde os efeitos de um sistema de crença negativo com a causa primeira. Além disso, aceita um estado de experiência a partir do qual uma causa primeira maior parece estar ausente. Essa é a história da raça humana: ter uma percepção errada do mundo dos efeitos, tomando-os como a causa primeira.

Parece que a doença tem uma psicologia própria. O que isso realmente significa é que ela acontece por intermédio de causas secundárias — isto é, ela pertence ao mundo físico. Quando você está doente, tende a prestar atenção aos aspectos físicos do seu ser. As pessoas têm uma atração mórbida por coisas negativas. Pessoas doentes deixam-se absorver pelos próprios pensamentos. Tornam-se engenheiras da vida daqueles que estão próximos delas. Com muita freqüência, podem manipular a maneira como outros viverão e funcionarão. Muitas pessoas, efetivamente, desfrutarão da sua doença e dela obterão um certo tipo de realização. É um jogo de poder, e isso com freqüência as mantém doentes. Elas desfrutam da simpatia e da ajuda que obtêm das pessoas que as cercam, e isso mantém a energia da situação e o problema. Usualmente, elas não têm consciência disso, mas é o que efetivamente está ocorrendo.

Pessoas doentes podem mesmo esperar com fervor que Deus melhore a sua saúde, querendo conscientemente estar bem mas, subconscientemente, rejeitando isso. Muitas pessoas não querem a responsabilidade de viver uma vida total, uma vida boa, uma vida saudável. Não querem procurar uma vida criativa consciente. Isso significa que elas têm de cuidar de sua vida. Parte dessa responsabilidade de guiar o rumo de sua experiência consiste em pensar de maneira clara e inteligente. No nosso trabalho, significa efetuar diariamente o tratamento espiritual para a totalidade, a saúde e o bem-estar.

A doença, a desordem, o empobrecimento de qualquer tipo — físico, mental, emocional ou financeiro — não faz de você uma pessoa melhor, nunca. Não há, em absoluto, bem algum nisso, e bem algum pode provir disso. Alguns pontos de vista religiosos dizem que o sofrimento o aprimorará, o tornará uma pessoa melhor, mais espiritual. Eu digo que tudo isso é lixo. Dor, sofrimento, doença e aflição só podem envenená-lo. Podem torná-lo cínico, podem fazer muitas coisas para impedir que o amor, a luz, a vida e a beleza fluam através de você. A desordem nunca é um meio para a ordem, nunca é um meio para se atingir algo de grande, de bom, de criativo ou de realizador. Na verdade, há pessoas que passaram por experiências humanas horríveis e foram muito criativas e realizadas. Foram criativas e realizadas não devido a essas coisas, mas a despeito delas.

Naturalmente, o tratamento espiritual sozinho pode não mantê-lo saudável em todas as circunstâncias. Somos seres físicos, e precisamos nos tratar como tais, fazendo tudo o que resulta em bem-estar. Precisamos obedecer às regras básicas da higiene. Se você abusa de si mesmo, se não mantém a dieta adequada, se não mantém o condicionamento físico e tudo o que leva ao bem-estar físico, você pode esperar desordem nesse nível do mundo relativo, físico e material da vida e da lei. Embora sejamos seres essencialmente espirituais, vivemos num mundo de existência relativa e física. Se você abusa das leis humanas, pode esperar resultados negativos. É verdade que você pode mudar a qualquer momento e efetuar a aplicação da lei superior, a qual eventualmente neutralizará e dissolverá o seu abuso da lei inferior. (Por "lei inferior" entendo as leis materiais que provêm das leis primordiais do universo.) Com freqüência, isso significa direção persistente da lei ao longo de um certo período de tempo.

VÍCIO

Vícios são padrões que acumularam uma tremenda força ou energia no nível inconsciente, mesmo que o vício comece como um ato consciente — tomar drogas, permanecer centrado no sexo ou na ingestão de alimentos. Esse padrão inconsciente, literalmente falando, toma posse das pessoas, dirige-as, obriga-as a se comportarem de uma maneira particular, e elas parecem sugadas numa dependência química ou comportamental. De fato, elas o são, mas isso se origina de um controle inconsciente, o padrão interior negativo.

Essa energia inconsciente negativa precisa ser abordada no tratamento espiritual. Se for deixada de lado, a pessoa se desloca para níveis cada vez mais profundos de autodestruição. A pessoa viciada está procurando algum "bem". O que é esse "bem"? Talvez seja um alívio da dor, apenas a dor de viver, de se relacionar. Eu entendo e posso simpatizar com qualquer viciado. Eu entendo essa procura de uma saída, essa procura por alguma cessação da dor. Mas os viciados não procuram pela resposta no lugar correto. Não reconhecem o fator inconsciente que os está manipulando. Eles apenas reconhecem que precisam da droga ou de realizar o ato porque sem isso ficarão arruinados. Quando essa necessidade é satisfeita, isso lhes dá algum alívio ou contentamento durante um breve período. Porém, a necessidade básica continua insatisfeita. Essa necessidade é espiritual. E apenas a nutrição espiritual trará satisfação. A cura começa com a boa vontade de procurar idéias espirituais e de se render ao Poder Superior, que é amor e liberdade absolutos. Não é fácil, mas pode ser feito.

Você tem de se defrontar com essa natureza total da consciência e se tratar tendo em vista a realização e a satisfação, entender onde está a realização e o que a satisfação é na vida. A pessoa precisa reconhecer que ela é, essencialmente, uma idéia espiritual, que nunca é assaltada por algo negativo, e só é alimentada pela força vital positiva, pela energia, pelo espírito, pelo bem.

É difícil tratar espiritualmente pessoas com um vício, em comparação com as outras? Não, não é mais difícil do que tratar qualquer outra pessoa, embora pareça mais difícil devido ao poderoso controle exercido pelo inconsciente. Há muito mais cooperação consciente com seu interior negativo, por parte do viciado, enquanto que para a pessoa doente não há alívio na dor ou no sofrimento, e assim, não querendo isso, elas procuram alívio. O viciado realmente não pode sentir isso. O viciado pode querer sair do padrão, mas ele coopera demais com o controle do inconsciente. A realização do padrão de comportamento dá a ele satisfação, lhe dá alívio.

Depressão

Muitas pessoas dizem que são deprimidas e falam a respeito de depressão. Elas realmente querem dizer que estão em baixa em seus estados de ânimo e em seus sentimentos, que estão tristes. Não estão realmente (clinicamente) deprimidas. A verdadeira depressão é uma doença incapacitante. As pessoas não podem funcionar ou sair da cama porque estão muito desajustadas. Como qualquer outra doença, essa condição pode ser tratada por meio das técnicas espirituais descritas neste livro. A depressão, juntamente com a preocupação, a autopiedade e a raiva, é um sintoma de insegurança emocional. E o entendimento espiritual é o começo da cura.

Porém, embora comuns, as formas brandas de depressão são nocivas. O sentimento geral de depressão abre as portas do subconsciente para as negações e os medos latentes que se escondem no nosso interior, deixando que esses medos emerjam para tomar posse da sua consciência. Então, você começa a se sentir oprimido por essa ação e deprimido pelos seus efeitos. Mais uma vez, você não precisa deixar que isso aconteça. Encare a depressão imediatamente e a reconheça pelo que ela é e, em seguida, trate-se espiritualmente para dissolvê-la. O tratamento espiritual da depressão poderá conter frases tais como: "Existe apenas uma Mente, e esta é a minha Mente agora. Ela está levantada, sempre se movendo para a frente; é Bem absoluto, Poder absoluto, e se move agora através da minha vida." O Apêndice deste livro inclui vários tratamentos que você poderá utilizar para essa condição.

Egoísmo

Procure no dicionário a palavra "egoísmo", e a definição encontrada será obsessão com o eu. O eu tem a ver com seus interesses pessoais, seu bem-estar, sua escolha pessoal, seus desejos pessoais, todos os quais são bons e belos e normais e equilibrados. O egoísmo é uma obsessão anormal pelos seus interesses, uma obsessão pelo seu pequeno ego e pelos seus interesses autocentrados.

Você poderia olhar para tudo isso e dizer: "Bem, isto está ótimo. É muito interessante. É uma experiência legítima na vida cotidiana." Porém, qual é o aspecto espiritual dessa condição, qual é a identificação espiritual? Eu assinalaria, mais uma vez, que o lado espiritual é a sua identidade além do corpo ou da experiência física; é o reconhecimento de que você é parte de um princípio de vida universal, de uma lei divina. Seu ego é uma centelha da divindade, uma expressão da Totalidade absoluta e da integridade da Grande Fonte ou Espírito de todo ser. É mais que uma composição humana de elementos que produzem uma experiência física.

Por meio desse trabalho sobre si mesmo, paradoxalmente, o ego é fortalecido e a personalidade é intensificada. Uma vez encontrado o caminho da identificação espiritual, todo o seu mundo é transformado. Realmente, é renovação por meio de uma reforma mental. Os pequenos ódios, ciúmes e medos nos abandonam com a chegada de uma nova consciência do eu. Você passa a pensar com uma mente redirecionada e, de fato, todas as coisas tornam-se novas. A única maneira de se saber se essas promessas são verdadeiras ou não, é dispor do tempo e ativar a energia para fazer experiências com as idéias. Você não pode negar um fato demonstrado. Depois de você receber a cura espiritual como o estado de uma vida natural e normal, você já tem o começo da fé que move montanhas.

ÓDIO, INVEJA, AVERSÃO POR OUTRAS PESSOAS

Agora você pode reconhecer que é do seu interesse praticar a boa vontade com relação a todas as pessoas. O melhor é não odiar; libere todas as pessoas para o seu bem maior, de modo que você possa estar numa consciência de liberdade, de harmonia e de paz. O modo mais fácil de liberar as pessoas é saber que, se elas tivessem mais sabedoria, agiriam melhor. Uma vez que elas não tinham sabedoria, não podiam agir melhor; tinham de fazer o que fizeram por pura ignorância. Mesmo que houvesse maldade envolvida, era ainda ignorância em ação. Libere-as com boa vontade para a sua maior prosperidade. Elas precisam seguir o caminho delas, e você precisa seguir o seu caminho. Dessa maneira, você se liberta para o seu bem maior.

Medos, fobias e comportamento compulsivo

Quando o subconsciente é normal, ele atua como um impulso, impelindo-o a fazer isso, a se mover de um lado para outro. Quando é anormal, atua como compulsão, e então você sabe que há uma porção de material negativo que veio até você da sua consciência e que pode ter se dirigido a você vindo do inconsciente coletivo, material do qual você não está ciente. Se é uma compulsão, você sabe que algo está ali e que não está certo. Como vimos antes, ela pode ser enfrentada. Você pode vê-la em suas ações, no que está acontecendo na sua vida. Essa condição está sujeita a tratamento espiritual. Você será livre quando aprender a aplicar técnicas de cura espiritual.

Colapsos mentais, emocionais e nervosos são, na verdade, um acúmulo de medos que surgem do lado inconsciente da vida. Trata-se de uma condição tanto individual quanto coletiva. Às vezes, a causa provém mais de uma área que de outra, mas é sempre subconsciente. Ela se acumula ao longo de um certo período de tempo, até que ocorra uma irrupção de medos que tomam conta da mente consciente. E esse é o colapso — quando o medo assume o controle. Portanto, é realmente, em primeiro lugar, uma irrupção, e em seguida um colapso da mente.

Medo é enfoque no lugar errado, enfoque na direção errada. O medo conota um "outro", alguma coisa fora do indivíduo — uma outra pessoa, coisa, situação ou evento, ou algo que parece separado interiormente e que afetará a pessoa de uma maneira externa.

O medo é o que freqüentemente impele a maioria de nós. Mas o medo pode mostrar a você o problema que você precisa tratar. Esteja ciente dos seus medos. Todos conhecem alguns dos seus medos — não todos os medos, mas muitos dos que têm surgido repetitivamente do lado inconsciente da mente. Se você é sensível a si mesmo, mais e mais medos aparecerão quando você reconhecer a si mesmo no espelho do seu relacionamento com pessoas, coisas e eventos. Você poderá compreender, por exemplo, que você efetivamente tem medo de pessoas quando pensava que não tinha medo de ninguém. Você poderá enfrentar esse medo, trabalhar sobre ele e demolir a infra-estrutura dele em sua vida.

Naturalmente, você não quer eliminar todo o medo. Alguns medos são normais, protetores e úteis. Deixe-os de lado. Os medos destrutivos podem ser usados como passos numa escada para o seu desenvolvimento, para o entendimento de você mesmo e para o seu crescimento. Alguns medos permitiram que a raça humana evoluísse. Pessoalmente, você não dará um passo para fora do telhado de um edifício se quiser viver. Não entrará numa fogueira ou se queimará. Esses são os medos normais, que ajudam. Os medos são amigos quando fazem com que você melhore a si mesmo, cresça e se desenvolva.

As fobias anormais são muito diferentes. São medos exagerados de altura, de espaços fechados e de outras situações irracionais. Naturalmente, precisam ser tratados. Alguns deles vêm da infância, e podem ser erradicados e dissolvidos em seu trabalho de cura espiritual.

O que você faz com relação a eles? Em primeiro lugar, você os enfrenta. Em seguida, reconhece que eles provêm de algo dentro da sua consciência. Reconhecemos que tudo é, fundamentalmente, consciência e, portanto, vem do interior da mente, mesmo que o medo irracional pareça causado por uma pessoa, lugar, coisa ou situação "lá fora". O "lá fora" é sempre um símbolo de alguma coisa "aqui dentro", na consciência. Quando o medo vem, você o enfrenta, o neutraliza e o dissolve nesse processo de tratamento espiritual. Você apaga o velho núcleo mente-emoção e cria um novo, baseado no seu entendimento espiritual. Aqueles medos irracionais entram então no processo de dissolução, e uma nova experiência, que você pode chamar de fé ou de confiança e convicção espirituais, começa a se expressar na sua mente e na sua vida.

O EGO FRÁGIL

Se você está pensando a partir de um ponto de vista restrito a respeito da sua vida, e devido a isso a ganância começa a agir através de você — um sentimento de que "eu tenho que agarrar isto, tenho de conseguir isto antes que ele ou ela o faça!" — então o que acontece? Nada efetivamente *acontece*, exceto o fato de que uma obstrução na sua consciência precisa ser dissolvida. O fluxo da torrente de energia divina subjacente a você goteja um pouco aqui, um pouco ali. Embora sua consciência total não esteja bloqueada, muitas áreas dela o estão. Você não atinge ou não consegue atingir porque sente que *não pode* atingir, ou que não é *digno* de um bem em particular; alguém mais pode atingi-lo, ou alguém mais é digno dele — mas não você.

Isso se relaciona com uma questão de auto-estima básica — não egocentrismo nem mesmo egoísmo. Nem tem a ver com inflação do ego ("sou uma pessoa excepcional, preciso ter isto, preciso estar lá, preciso fazer aquilo"). Esse tipo de manipulação do próprio ego é outra forma de bloqueio. Quando você compreende que há Suprimento infinito suficiente, que há Substância infinita, atividade infinita, então você começará a entender que há o suficiente para você e para todos. Essa percepção começará a dissolver esse bloqueio onde você começar a sentir algo semelhante a "cometi um erro; posso não ser capaz de conseguir isso; pode não ser o bastante". No princípio absoluto do ser, *não há fim* para o bem, *não há fim* para a potencialidade e a possibilidade do vir-a-ser — isto é, para a evolução do princípio vital através de você.

Toda a seção precedente a respeito do eu pessoal e do mecanismo mente-emoção não é uma tentativa de simplificar a psicologia básica, que muitos de nós conhecem. É para servir de lembrete, mostrando-nos quão simples é a causa essencial dos nossos aborrecimentos e quão complexos eles parecem.

A CARÊNCIA, A PERDA E A LIMITAÇÃO

A carência, a perda e a limitação são os estados mentais mais significativos que dirigem a vida das pessoas. São os problemas básicos na vida que assaltam todos os indivíduos. Acreditar nesses três estados permite-nos vivenciar problemas como um resultado dessas negações em nossa consciência. Podemos sentir que temos uma carência de genes adequados, uma carência de oportunidades, uma carência dos ingredientes necessários para uma vida feliz, saudável, realizada, criativa e produtiva porque não tivemos a educação, devido ao que "elas", as assim chamadas autoridades, dizem lá fora, e por isso sentimos uma certa carência devido a um complexo desses pensamentos e sentimentos. Também sentimos uma carência de auto-estima, de auto-aceitação, devido a uma opinião ou crença em particular.

A perda é outro lado muito importante dessa questão. Tantas pessoas sentem que perderam a saúde e que não há como restaurar a si mesmas: não há maneira dessas pessoas voltarem a ser normais, não há maneira de funcionar. Elas engolem a isca, a linha e o chumbinho do veredicto físico, todo o sistema de crença da opinião médica. Mas a opinião médica ainda é apenas uma opinião, e não um destino inalterável. A mesma situação existe com relação à carreira, ao emprego ou à profissão de uma pessoa. O que é na verdade um golpe ou um estado de improdutividade temporários convertem-se numa crença na incapacidade e no fracasso permanentes: uma perda que nunca será reparada.

A limitação é, provavelmente, um dos maiores perigos para todos nós. A limitação é simplesmente um sistema de crenças que perpassa vigorosamente todo o âmbito da consciência da maioria das pessoas. É óbvio o fato de que somos seres humanos e, nessa medida, limitados em certas capacidades e realizações. Mas que há somente certas coisas que podemos obter devido à idade ou a várias incapacidades é um comprovado erro de pensamento. Considere realizadores verdadeiros, pessoas como Grandma (Vovó) Moses, Helen Keller e tantas outras, que não aceitam a limitação não obstante as opiniões e a crença das outras pessoas. O potencial que você tem para a realização não é diferente.

A limitação diz que a experiência física, material, sensorial é o elemento mais importante; mas não é. Nós iremos ser vitoriosos ou vítimas em nosso mundo. Iremos ser dominantes (e isso começa com o pensamento) ou dominados pelas crenças coletivas da humanidade e por nossa aceitação delas.

A consciência coletiva e as nossas reações causam a carência, a perda e a limitação — é isso o que nos motiva e que se move através do nosso mundo. A maior parte da limitação é o resultado da ignorância. Não percebemos que a Mente é ilimitada, que o pensamento é ilimitado e que o potencial interior para criar por meio da consciência dirigida também é ilimitado.

A limitação não é criada pelo princípio do ser. A limitação não é criada por Deus, pelo Poder Superior, pelo Eterno. Como poderia esse Poder conhecer a limitação? Não é criada pelo princípio da vida. Em vez disso, a limitação é auto-imposta por crenças ou estados de consciência. É a maneira como você se orienta para a vida, a maneira como você focaliza a vida, a si mesmo. A maneira como tira conclusões. Não apenas a maneira como tira conclusões, mas as conclusões efetivas que tira de sua experiência na vida. Em vez de serem espiritualmente discriminadoras, as pessoas, em sua maioria, apenas se trancam naquilo que acontece a elas, aos estímulos lá fora, se trancam naquilo que acontece, aceitam-no e choram em cima disso. Mas você pode aprender a reconhecer as condições, a enfrentá-las e a olhar através delas, e pode mudar a sua consciência a respeito delas. Esse é todo o princípio do processo chamado de tratamento espiritual. E ele pode trazer a cura a toda a condição humana.

A RESISTÊNCIA, A REJEIÇÃO E A REBELIÃO

A resistência, a rejeição e a rebelião são as atitudes mentais dentro de nós que permitem que a carência, a perda e a limitação assumam o controle da nossa consciência e, desse modo, da nossa vida. Elas provêm de dois níveis. Um deles é o nível da civilização ou história humana; o outro é a percepção pessoal do indivíduo. O que tem sido chamado de demônios ou de mal ao longo dos milênios nada mais é que uma projeção objetiva do medo interior, da ansiedade a respeito da vida, da insegurança. É o raciocínio negativo relativo a não ser sustentado ou mantido como uma pessoa saudável, feliz, integrada. É sentir-se pessoalmente assaltado por todos os problemas potenciais da existência comum ou da assim chamada vida normal.

Há resistências ao movimento para a frente de nossa vida operando em todos nós. Rejeitamos muitas vezes o positivo, o bem que impulsiona; ou rebelamo-nos contra ele devido a crenças, opiniões, aceitações, que temos feito a respeito de nós mesmos. Estas provêm da consciência coletiva, da nossa educação ou da maneira como fomos criados. É toda a influência vinda daqueles próximos a nós e ao nosso redor que se instalou nas profundezas da nossa consciência.

Talvez você ouça um parente dizer: "Temos diabetes na família. Precisamos ficar atentos a isso." Talvez o seu pai ou a sua mãe tenha dito muitas vezes que ninguém na sua família é realmente um sucesso. Estas são atitudes mentais, estados mentais que provêm de crenças e de opiniões, num nível consciente e, às vezes, inconsciente. Grande parte dessa consciência pode provir de nossa própria família imediata, porém parte dela pode provir das crenças coletivas que nos cercam.

Desse modo, quando estamos tentando seguir em frente e nos tornar melhores, pode haver algo em nós que resista a isso. Às vezes, isso aparece como algo em nós que nos compele a fazer a coisa errada no momento certo ou a coisa certa no momento errado. Tudo isso faz parte de uma rejeição básica. Estamos rejeitando as possibilidades de saúde, de bem-estar, de totalidade. Achamos que não somos dignos disso, que somos incapazes, que somos pecadores imperdoáveis ou pior.

Rebelamo-nos contra muitas coisas boas devido à raiva, ao ressentimento, ao ciúme ou ao medo. É como se preferíssemos o mal ao bem devido à nossa raiva. Rejeitamos, resistimos ou nos rebelamos contra o poder e a presença que existe no universo e que vive em cada um de nós.

O CAMINHO PARA A CURA

Agora você pode reconhecer a necessidade de discriminar entre a consciência que tentaria fazê-lo pensar a respeito da vida e de si mesmo de uma maneira inferiorizada, de uma maneira restrita, limitada, física, material, e a percepção espiritual, que olha numa direção totalmente diferente. Você precisa pensar a respeito da vida como uma consciência espiritual se desdobrando, como idéias espirituais se desdobrando, como uma energia divina do Espírito criativo movimentando-se e motivando e funcionando no âmbito da consciência e do ser de cada pessoa.

Para manter clara a sua consciência a respeito de um problema ou de sua causa, você precisa ver através do problema para reconhecer que ele é causado pela inversão de uma verdade subjacente. Você precisa atingir uma compreensão da verdade que está por trás do problema, e então o que estiver invertido ficará voltado para cima. A ilusão e os efeitos ilusórios do problema desaparecem. É como quando você entra num quarto escuro e acende a luz. Para onde vai a escuridão? Ela se foi, se dissolveu, e assim permanecerá enquanto você mantiver o quarto iluminado.

Para conseguir a cura, você precisa usar o tratamento espiritual para eliminar da consciência a resistência, a rejeição e a rebelião e expulsar da sua vida a carência, a perda e a limitação. A maneira de ser bem-sucedido nisso é *não* aprender pela experiência. Experiência significa apenas repetir os velhos e destrutivos padrões, e às vezes aprender algo a respeito deles e de como operam em sua vida. Em vez disso, você precisa se mover para além da sua experiência e do seu condicionamento passados.

Compreenda a vastidão da atmosfera espiritual que pode trazer harmonia à sua vida. A bondade e a totalidade fazem parte da infra-estrutura do universo. Se não o fizessem, nada jamais atingiria a completude — e se autodestruiria. Os planetas não poderiam se formar. Não haveria evolução. Nada cresceria nem se desenvolveria.

Você precisa se libertar do passado, livrar-se de feridas e de medos passados. Você precisa abandonar o passado e se mudar para o presente. Nada que venha do passado pode inibir a ação divina. Você não precisa ficar restrito a velhas idéias, concepções ou crenças. Cada momento pode ser um novo princípio.

Você precisa viver a *sua* vida. Não a dos seus pais, a dos seus amigos ou a de qualquer outra pessoa. E nem a vida que alguém que você possa respeitar quer que você viva. A liberdade individual é a chave da vida — liberdade para ser, para vir-a-ser. O vir-a-ser é normal sob a lei; entender a lei da vida e obedecer a lei da vida é utilizar inteligentemente a inteligência, e não utilizar a inteligência é uma maneira de, por inversão, ser superado pela ignorância ou pela permissão de que outros decidam por você. Com muita freqüência, vivemos nossa vida através do espelho do que outros pensam, de modo que refletimos outra pessoa e não a nós mesmos. Ninguém pode viver a vida por procuração. Todos nós precisamos viver nossa própria vida. Cada um de nós precisa pensar, raciocinar, usar a inteligência. Precisamos vivenciar nossa individualidade, escolher. Tudo isso é parte da lei da natureza que opera através do homem moderno.

O interessante é o seguinte: o "conhecimento" espiritual (conhecimento a respeito da verdade da natureza) é recebido internamente, e uma atividade interior automática o projeta sob forma externa. Essa ação interna reativa apaga e dissolve automaticamente qualquer coisa diferente de si mesma. Você não precisa sequer pensar a respeito dela. A lei dentro de nós não está ciente de alguma resistência. *Nós* estamos cientes da resistência. A lei apaga as camadas de medo e de rejeição do bem, e aquilo que *parece* resistência interna é dissolvido.

Quanto mais tratamento espiritual você faz, mais delgados são o medo e a resistência que se assentam sobre a luz interior, pura e essencial, do ser. A dissolução das resistências, por assim dizer, produz cura na sua vida.

Outro modo de pensar sobre o processo de cura é pensar em si mesmo como uma lâmpada elétrica coberta de poeira. Há poeira sobre todo esse bulbo, e a emissão de luz não será muito boa. Porém, quando você a limpar, a luz, de maneira natural, brilhará intensamente. Outro modo de pensar a respeito disso é imaginar que você está removendo as manchas de um objeto, de modo que o metal original possa refletir e brilhar. O tratamento espiritual realmente tira a poeira do bulbo, ou as manchas do metal, de modo que a verdade da sua natureza real possa ser revelada: a pessoa perfeita que está aí, que sempre esteve aí. Quando você remove a poeira ou as manchas, o que acontece? Cria algo novo? Não. Você remove a camada superficial de modo que o material original possa ser observado. É isso o que o tratamento de cura espiritual faz — remove essa camada externa ou essas manchas da opinião humana e das crenças que o lesam. Então, o verdadeiro você brilha desimpedido.

Na cura espiritual, você limpa a consciência de todas as antigas concepções, pensamentos, pavores, medos, ansiedades, antecipações e restrições que criam problemas em seu mundo. Você assume o novo e aprende a ser mais criativo. Descarta a velha mente autômata, a mente repetitiva, que pensa da mesma velha maneira, que atua da mesma velha maneira, que funciona da mesma velha maneira, e nunca se move para a frente rumo a alguma coisa nova. Isso é uma negação da vida, e já é o princípio e o movimento do processo de morte. O processo de vida sempre caminha em direção ao novo, ao maior, ao melhor, sendo plenamente aberto ao fluxo criativo em andamento da alegre ação da vida. Tente o novo. Mova-se para o âmbito dessa experiência revigorada. Isso não significa jogar fora o passado, esquecer as coisas boas do passado. Porém, significa abrir espaço para vivenciar o novo, talvez o maior e o melhor.

O indivíduo arraigado em seu trabalho nunca fica desanimado por problemas. A vida é mudança, a vida é desafio, a vida está cheia de problemas. Porém, temos em nós algo grande e maravilhoso, com o qual podemos enfrentar esses problemas, ver através deles e entender os recursos espirituais que existem no nosso interior. Temos dentro de nós a capacidade e o poder de apagar cada problema do nosso mundo graças ao entendimento da nossa conexão com a Fonte, que é bem total, harmonia e totalidade.

Nossa vida está sempre em transição, está sempre mudando, sempre se movimentando. Como você quer que a sua vida se movimente? Num padrão do passado, num padrão de ontem, que é onde, em sua maioria, as pessoas estão? Ou talvez num padrão de ontem somado a uma porção de material negativo que provém das opiniões e das crenças do mundo, junto com as experiências que você está tendo hoje? Ou está num padrão vindo de um ponto de vista superior, do ponto de vista da idéia toda, do arquétipo perfeito, do padrão perfeito que está na mente e no coração de Deus ou do Poder universal, que está sempre se expressando e se movimentando através de você?

A saúde está por toda parte, operando em toda parte, à espera da sua decisão de reconhecê-la e vivenciá-la. Ela é um princípio de bem-estar, e você pode usá-la exatamente onde você está e da maneira como você é. Nenhuma condição é demasiadamente leve, sutil ou severa para a aplicação dos princípios espirituais. É um ato natural e normal de pensamento, de raciocínio e de compreensão de que a integridade do Grande Espírito está sempre com você, para você e pronta para dar a você tudo o que você poderia precisar ou desejar para a boa vida. Cabe a você haurir da fonte das águas vivas e caminhar rumo ao âmbito de uma experiência maior da luz, do amor e do poder de Deus.

CAPÍTULO 3

Como funciona a cura espiritual

Para entender como é feita a cura espiritual, você precisa, antes de mais nada, entender a maneira como a sua mente funciona. Como expliquei no Capítulo 1, cada um de nós sofre uma dupla ação da mente: a experiência subjetiva e a experiência objetiva. O que chamamos de mente subjetiva raciocina dedutivamente; tira conclusões de certas suposições, sejam elas verdadeiras ou não. A mente subjetiva é o aspecto criativo da mente que recebe, que reage automaticamente e que manifesta externamente o estado de nossas crenças. A mente objetiva raciocina indutivamente; reúne dados, examina e compara fatos, descobrindo um fator comum entre eles. Definimos esse fator como a verdade. Essa verdade é, por sua vez, aceita pela mente subjetiva para o raciocínio dedutivo, e tira, de maneira lógica, conclusões a partir dos dados reunidos pela nossa mente objetiva. Toda essa atividade é inconsciente, e é por isso que os psicólogos dão o nome de inconsciente a essa área da atividade mental. Desse modo, a parte objetiva da nossa mente influencia e dirige continuamente a parte subjetiva.

A cura depende dos estados de consciência. A maioria dentre nós é significativamente influenciada por sugestões que vêm de fora de nós — de médicos e de outros terapeutas, de opiniões e de crenças relacionadas com os remédios que ingerimos ou com os procedimentos cirúrgicos a que nos submetemos. O corpo e sua condição, com muita freqüência, são o resultado da atividade da nossa consciência. Como aprendemos no Capítulo 2, ficamos doentes devido a isso, e muitas vezes devido à crença, consciente ou subconsciente, de que algo nos tornou doentes. A medicina funciona. Mas, com freqüência, funciona devido às crenças e às opiniões sustentadas tanto por médicos como por pacientes a respeito dela. A cura espiritual resulta de uma mudança na consciência e nas crenças que lhe servem de base, e não do enfoque nos sintomas e nas manifestações físicas, como o faz a prática médica.

O que chamamos de tratamento espiritual utiliza uma lei que sabe o que fazer e como fazer. Essa lei precisa sempre executar. Está sempre em ação; é por isso que dizemos que é a lei da mente em ação. Está sempre trabalhando. Não sabe ou não se importa com quem a está dirigindo ou utilizando. Apenas sabe o que fazer. Recebe e reage, e sempre funciona sem julgamento. Nunca julga ou avalia, simplesmente reage.

Isso não quer dizer que não há lugar para terapias médicas. A medicina é realmente importante, e ocupa uma posição complementar enquanto a nossa consciência ainda não atingiu um nível superior de entendimento e de aceitação do princípio mental subjacente. De fato, podemos não alcançar um nível que nos permita jamais precisar novamente de um médico ou de um terapeuta. Porém, podemos com certeza melhorar nossa percepção e nosso entendimento espirituais. Para nos movermos em direção a esse nível superior de percepção, podemos utilizar as técnicas de tratamento espiritual.

O tratamento espiritual pode ser descrito como o meio graças ao qual é realizada a cura espiritual. Destina-se a desenvolver um estado de consciência expandido que resulta na aceitação, pela sua mente subjetiva (subconsciente), de uma nova percepção provinda de sua mente objetiva (consciente).

Sua mente subjetiva sempre está recebendo impressões — consciente e inconscientemente — e sempre reagindo a elas. Por intermédio do uso consciente de sua mente num tratamento espiritual, você modificará esse nível inconsciente, subjetivo, de sua mente à medida que ele atuar através de você. Grande parte da nossa experiência humana é o resultado dessa interação.

Todos nós temos a capacidade de fazer escolhas. Escolhemos o que queremos na vida, tanto consciente como inconscientemente. O tratamento espiritual capacita você a fazer escolhas conscientes, que lhe permitem vivenciar um novo mundo de experiências, um mundo melhor e maior.

Em sua maioria, as pessoas dificilmente estão cientes de si mesmas e da ação mental que opera através delas. Vivendo a vida na superfície, essas pessoas são continuamente manipuladas por fatores subjetivos inconscientes que as influenciam mas prosseguem atuando sem serem desafiadas por suas mentes. Essas impressões inconscientes projetam-se em suas vidas, e elas perguntam: "Por que isto acontece comigo?", "Por que essa coisa grande e maravilhosa está acontecendo?", "Por que esse horror acontece?" As pessoas não entendem de onde vêm suas experiências de vida. Porém, no trabalho de tratamento espiritual, você aprende a reconhecer como sua mente reage às sugestões e às impressões inconscientes que recebe e que dirigem o curso da sua vida. Você se torna mais sensível ao seu relacionamento com cada aspecto de sua experiência. Você aprende a se tornar ciente do fator inconsciente dentro de você, e aprende que pode mudá-lo e dirigi-lo. Você pode fazer algo a respeito dessa força inconsciente, fazer algo com ela para o aperfeiçoamento de sua vida e para a harmonização de sua experiência de vida.

Como aprendemos no Capítulo 2, nossos problemas resultam do pensamento errado — às vezes, de toda uma vida de pensamento errado. Mas, assim como a nossa consciência criou os problemas, ela pode desfazê-los. O tratamento espiritual é o processo mecânico e inspiracional por cujo intermédio podemos mudar nossa atmosfera mental.

O tratamento espiritual, aquilo que você poderia chamar de "terapia espiritual", é realmente o resultado do estudo e do entendimento espiritual; é um autodesdobramento e uma auto-realização. É um desenvolvimento da sua natureza, um desdobramento das suas qualidades de ser enquanto filho do universo. É uma expansão da sua consciência. É o desenvolvimento de uma introvisão maior daquilo que chamamos de "verdade", de vida, da maneira como a vida funciona e da maneira como ela opera. Quando você realiza o trabalho de tratamento, parece que você está atingindo algo ou obtendo algo. O tratamento parece arquitetar algo, mas ele mesmo não cura. É a verdade, a lei universal, que faz o trabalho, mesmo que o próprio tratamento pareça fazer algo.

Toda a ação do processo de tratamento está no fato de que ela muda a consciência, o que resulta numa mudança de coisas e numa mudança de formas. A crença humana não-iluminada é a de que você precisa lutar pelo seu bem, manipular para obter; que a mente perspicaz atingirá isso. O ponto de vista espiritual superior é o de que a sua consciência precisa se conformar com a maneira como a vida realmente é em sua natureza "absoluta" ou pura. Isto significa olhar para além da visão da experiência imediata, física ou material. Significa pensar a respeito da idéia espiritual perfeita que está por trás de qualquer coisa e de tudo o que existe. É atingir um sentido da totalidade original que é subjacente à existência. E isso inclui cada célula, tecido, órgão, função e ação do seu corpo físico. É o que podemos chamar de padrão divino ou arquétipo divino, que é o fundamento e a estrutura fundamental de você mesmo. É como um DNA espiritual que gera e mantém juntas as fibras do seu ser. Na verdade, o DNA físico é uma sombra ou figuração externa da essência espiritual ou DNA divino. É sempre o arquétipo espiritual que é perfeito, total, completo. E é nossa percepção humana errônea que cria e sustenta a desordem.

O que é, então, o tratamento espiritual? O tratamento espiritual é um processo pelo qual você passa e que o faz subir por uma escada de percepção até o nível de um vislumbre do Absoluto incondicionado, a perfeita idéia ou padrão espiritual. No momento em que você sente um sabor dela, dessa totalidade pura, você vivencia uma irrupção numa percepção superior e maior. É um *flash* de puro "conhecimento". Esse conhecimento, essa irrupção na percepção, torna-se uma diretriz para a lei da criação, a verdade que realiza a cura. Chegando nesse ponto, o problema se vai; ele, automática ou espontaneamente, se dissolve nessa nova percepção. Você reconhece uma mudança na sua experiência, na sua vida. Isso é chamado de demonstração espiritual da cura. Ela pode ser pequena e sutil, ou pode ser dramática e revolucionária.

Lembre-se disto: o próprio tratamento espiritual, o processo, não cura, embora seja certamente um auxiliar dessa ação de cura. O que cura é o *flash* de puro conhecimento ou percepção que exerce um impacto sobre a lei. É sempre a lei da mente o agente de cura. Ela só pode agir de acordo com uma diretriz (que é dada pelo tratamento). E reflete um estado de consciência. *Você não cura*. Você dá um tratamento. Você pronuncia a palavra. Mas as palavras que você pronuncia refletem uma consciência que dirige a lei. Você não cura. Ninguém, nenhuma pessoa é um agente de cura. Porém, qualquer pessoa pode ser um canal de cura.

Para produzir mudanças na sua mente subjetiva e, desse modo, na sua experiência — isto é, para produzir a cura — você precisa pensar a respeito da doença ou do problema que o perturba como um estado de consciência refletido por condições ou por circunstâncias humanas. Olhar efetivamente para si mesmo dessa maneira permite que você perceba a si mesmo como independente do tempo e das limitações físicas. Você precisa entender que, como expliquei no Capítulo 1, há um protótipo espiritual por trás de todo fato externo. Esse protótipo existe no plano espiritual ou incondicionado do Espírito absoluto como uma idéia ou padrão arquetípico além das condições e das contingências humanas. Quando você está doente, precisa reconhecer que existe um protótipo do órgão saudável por trás do órgão doente, lesado, que você está vivenciando num nível físico. A desordem é uma inversão da idéia perfeita. É distorcida pelas emoções, temores, crenças e ações humanos.

Quando você planta a semente do pensamento que reconhece a idéia perfeita que está por trás da desordem, essa é a consciência do bem-estar e da totalidade. Quando ela ingressa na sua mente subjetiva, você poderia dizer que está pensando no plano do Absoluto. Você não está interessado nas condições humanas; você está procurando além delas. Lá, no plano do nível Absoluto da consciência, a idéia germina como um núcleo espiritual para você, o qual gradualmente evolui numa forma física externa ou experiência transformada.

Em outras palavras, para mudar as condições externas, para remover a doença ou o problema, você precisa olhar para fora do mundo dos efeitos e em direção à idéia espiritual perfeita, ao protótipo. Quando fizer isso, sua experiência física mudará de modo a refletir a idéia espiritual. Esta, que é a realidade-essência, torna-se a realidade física para você.

Na cura espiritual, você sempre olha *para fora* das condições externas. Elas não são a causa básica das coisas que acontecem na nossa vida. Se você acreditar que são, é isso o que você demonstra, é isso o que acontece na sua vida, e você se torna uma vítima das circunstâncias. Porém, na realidade, consciente ou inconscientemente você está *optando* por tornar-se essa vítima. Sua própria percepção errônea e sua concepção errônea estão permitindo que essas coisas más lhe aconteçam, pois você acredita ou espera que elas acontecerão. Para romper esse padrão, você precisa focalizar sua mente num nível superior. Você precisa focalizar sua mente no princípio, no Absoluto — chame-o de Espírito ou de Deus ou de Mente criativa ou de Poder Superior.

No trabalho de tratamento espiritual, você está dirigindo conscientemente o princípio ou mente subconsciente (isto é, a força automática ou ação criativa subjacente a toda a vida) para o nível no qual é capaz de entendê-lo e de percebê-lo. Se você é um principiante, estará trabalhando num nível inferior ou mais básico. À medida que for ganhando experiência, você trabalhará em níveis cada vez mais altos de entendimento e de percepção espirituais. Quanto mais você entender e aceitar a ação criativa universal, mais será capaz de dirigi-la conscientemente, e mais verá resultados — demonstrações — ocorrendo em sua experiência diária.

No tratamento espiritual, você não controla os pensamentos, você não quer que coisas sejam feitas. Em vez disso, você *dirige* os pensamentos. E ao dirigir os seus pensamentos, você flui com aquilo que a filosofia chinesa chama de Tao, o caminho da vida ou ordem natural do universo. A Mente universal, ou Consciência, está eternamente em ação; sempre flui, e por intermédio do tratamento espiritual você dirige o seu pensamento nesse fluir.

Seu pensamento ou consciência não é estático, mas fluido, está sempre em movimento. Você não o controla, mas guia o seu fluxo no fluxo universal. Imagine-se numa canoa descendo por um rio de correnteza rápida; você quer se adiantar em direção à margem. Sua canoa viaja descendo pelo rio, mas usando o seu remo você a dirige em direção à praia. Você flui *com* o rio, mas também dirige o seu barco, e é isso o que o tratamento espiritual permite que você faça com o seu pensamento, ou consciência, dirigido.

Dirigindo o estado do seu pensamento, você influencia o estado da sua consciência, e dirige a maneira como o seu processo de pensamento funciona e cria num nível mais profundo. Você não pode controlá-lo, no sentido de poder parar o seu fluxo, o seu funcionamento. Ele nunca pára. Mas você pode dirigi-lo ao dirigir o estado do seu pensamento, o estado da sua consciência, a maneira como o seu processo de pensamento funciona e trabalha.

Nesse tipo de tratamento espiritual, você não luta contra alguma coisa. Você não envia pensamentos para fora, não retém pensamentos ou imagina algo. Isto sempre o focaliza na forma física, material, limitada. O tratamento espiritual é um processo metafísico, e por isso você avança para o alto em pensamento, para além do físico, não concebendo, não imaginando, não retendo pensamentos, não enviando pensamentos. Você avança para além desse tipo de processo mental. No tratamento espiritual, você ganha uma percepção de idéias espirituais que são a própria vitalidade, substância e essência da vida, de cada aspecto da vida.

Para que a cura aconteça, você precisa se livrar do passado, se livrar das suas velhas concepções e idéias. Sua vida está sempre se movimentando, sempre mudando. A meta do tratamento espiritual é dirigir essa mudança afastando-o do velho padrão, destrutivo e desordenado, o padrão de ontem, no qual você — assim como a maioria das pessoas — está atolado. Esse padrão inclui muitas influências negativas acumuladas provenientes de opiniões e de crenças de outras pessoas, do mundo ao seu redor, que você aceita como a sua realidade. Você pode utilizar o tratamento espiritual para neutralizar e para eliminar todas essas negatividades, todas as negações da sua bondade e da sua totalidade essenciais. Chamamos esse processo de "negar as negações", que é parte essencial do método de tratamento espiritual.

Negar as negações

O tratamento espiritual tem por meta dirigir o movimento, a ação da sua vida, a fim de que ele venha de um ponto de vista superior, do ponto de vista da totalidade, do arquétipo ou do padrão perfeito que é a mente e o coração de Deus ou a Inteligência universal que está se expressando em você e através de você.

Como aprendemos no Capítulo 2, a maioria de nós se encontra num estado de amnésia ou de negação. Estamos sempre negando o nosso bem essencial porque a experiência humana tem muita negação em si. A totalidade, a harmonia e o amor são negados de muitas maneiras. A experiência humana está sempre afirmando os altos e baixos da vida. Sua negação do bem poderia provir da aceitação, num nível consciente ou inconsciente, de alguma coisa que alguém disse a você. Talvez, numa certa ocasião, lhe disseram que você não era bom, que nunca foi e que nunca será. Talvez seu pai ou sua mãe lhe tenha dito isso quando você era criança, ou talvez fosse outra pessoa que tivesse autoridade, alguém que você respeitava. A pessoa pode não ter tido a intenção de dizer isso, mas você absorveu as palavras e acreditou nelas, e a imagem negativa passou a fazer parte de você desde essa época. Você precisa se livrar dessas crenças erradas, desses velhos traumas, pensamentos e concepções. Você precisa negar as negações do bem provenientes dessa estrutura de crenças, opiniões e sugestões. Você faz isso ampliando sua percepção espiritual por meio do entendimento e do tratamento espirituais. Você está aprendendo a aceitar que existe uma lei da mente criativa operando não apenas ao seu redor, mas também dentro de você e através de você, expressando-se por seu intermédio durante todo o tempo. E esse é o bem fundamental. Você pode chamá-lo de ação e poder perfeitos de Deus.

Você precisa ficar ciente do fato de que está bloqueando a luz interior devido às opiniões e às crenças negativas ou às negações que estão alojadas na sua mente. Como expliquei no Capítulo 2, por meio do bloqueio e da negação, você, literalmente falando, cria um mundo de sombras, relaciona-se com esse mundo de sombras e sente a sombra como a realidade. Você se esquece de que essa sombra não existiria se não houvesse uma luz por trás dela. A sombra não poderia existir se não houvesse uma consciência que, de algum modo, pudesse interceptar a luz e, assim, possibilitar a ocorrência da sombra.

No tratamento espiritual, quando você nega as negações, você não está negando algo verdadeiro, real ou substancial. O que você está negando são as negações do bem, da vida, da totalidade e da harmonia. Está negando as negações que dizem que você está doente ou infeliz, pobre, frágil, medroso, empobrecido e carente de oportunidades. Está negando essas negações porque elas não são, essencial e fundamentalmente, verdadeiras.

A idéia espiritual perfeita é sempre uma idéia de abundância, sempre oferecendo oportunidade para expressões cada vez maiores de idéias subsidiárias. As expressões dessas idéias estão sempre fluindo na consciência e sempre prontas para fluir para fora, para o seu mundo da experiência. Quando você nega as negações, está negando tudo o que a consciência humana está lhe dizendo — quer isso provenha das crenças coletivas da humanidade quer de seus próprios padrões pessoais. Isso aparece como essa pequena voz interior que lhe diz que você não pode fazer isso, que você é muito velho, muito jovem, muito gordo, muito magro. Às vezes, expressa-se de maneira mais geral quando você pensa: "Estou deprimido, estou muito para baixo para fazer qualquer coisa agora. Estou infeliz. Estou com medo." É o seu "eu" sempre apegado a alguma negação do bem, do belo, do verdadeiro. E. é essa sugestão, vinda, em sua maior parte, do lado inconsciente da sua mente, que você nega. A sua negação não é de algo realmente substancial ou essencialmente real. É uma negação daquilo que eu chamo de invólucros da vida: aquelas opiniões, crenças e sugestões que tentam dizer-lhe que você é um ser menor, inferior, doente, perturbado, desordenado, infeliz. Então, o que você faz é negar essas negações da sua totalidade, da sua harmonia, da sua ordem e do seu bem-estar essenciais. Você está negando as negações do bem que já está aí dentro de você. Dê a ele o nome de divindade interior, se o quiser. Ele não é nada menos que a idéia perfeita da Mente universal ou de Deus, o Alto Poder, que vive e cria e opera e funciona dentro de você. Quando você pensa dessa maneira, pode reconhecer que uma declaração afirmativa automática está se formando dentro da sua mente. E essa afirmação é uma compreensão de que o princípio e a ação do bem já estão aí dentro de você, e agora se manifestam através de você e dentro de cada área da sua experiência de vida.

A questão é: "Para o que você está pronto? Para a mesma velha história, para as mesmas velhas crenças? Para o mundo da carência, da perda e da limitação a respeito do qual aprendemos no Capítulo 2? Ou você está pronto para caminhar para a frente?" Neste caso, você está pronto para o tratamento espiritual. Livre-se do passado por meio do tratamento espiritual, e deixe o aqui e agora do presente agir através de você.

O tratamento espiritual exige compromisso. Estamos falando a respeito de mudar as percepções e as atitudes que estão por trás de toda a sua experiência do mundo, e esse tipo de mudança não costuma acontecer da noite para o dia. Você precisa se aproximar da cura espiritual por um caminho sincero e sério, e precisa trabalhar continuamente nisso. Se o fizer, você *obterá* resultados. Você não pode falhar — esses resultados acontecem automaticamente, naturalmente, normalmente. Quanto mais você utilizar a sua mente e trabalhar com essas idéias, mais ficará impregnado com elas, e mais sua consciência ficará desobstruída. E quanto mais a sua consciência mudar, mais a sua vida irá melhorar. É um contínuo processo de aprimoramento — pode-se ir cada vez mais longe. O trabalho de tratamento espiritual é, na sua essência, mudança de consciência. Seu método consiste em pensar pensamentos e ser bastante consciente a respeito dos pensamentos e do direcionamento da emoção.

Ao realizar o tratamento de cura espiritual, você não faz efetivamente um tratamento para a saúde ou para ser curado de alguma maneira. A saúde é o resultado final de algo. A saúde é a expressão ou a manifestação da sua percepção expandindo-se ou a compreensão de que há um princípio de totalidade no universo e que ele está dentro de você. Quando você é saudável, você tem acesso a esse princípio durante todo o tempo através da sua consciência. Às vezes, você o bloqueia e às vezes o reverte devido à ignorância ou a crenças negativas e a percepções errôneas. Então, você ficará doente ou terá dificuldades na sua vida.

No tratamento espiritual, você precisa olhar para fora dos problemas de saúde e em direção à causa ou ao aspecto causal da sua vida. Na sua maioria, as pessoas procuram as causas nos problemas de saúde. Porém, no tratamento espiritual correto, você olha para fora desses problemas porque não quer reconhecê-los como eventos causadores na sua vida. Se você vir dessa maneira, se pensar dessa maneira, então a tendência do seu pensamento é no sentido de demonstrar isso na sua vida por meio da ação reflexiva da mente, e os seus problemas de saúde parecem controlar os acontecimentos da sua vida.

Precisamos saber que existem muitos fatores na consciência que operam dentro de nós. O tratamento espiritual inclui isso, e ele trata tudo o que existe dentro de você e que está resistindo, rejeitando ou se rebelando contra o movimento ou a ação para a frente do bem nesse domínio ou nessa ação ou representação em particular, que é desenraizada, dissolvida, neutralizada, banida, apagada, eliminada para sempre. Você diz, no tratamento de cura, que está amplamente aberto e plenamente receptivo à ação fluente e criativa da vida, do bem, da alegria, da realização, e que ela se manifesta através de você e em seu mundo de experiência como totalidade, como harmonia, como beleza, como ordem, como relacionamento correto, como ação correta, como atividade correta.

Desse modo, mais uma vez, para remover o problema, para restaurar a saúde, você "trata" da consciência na sua consciência. Você simplesmente trata do fato de que você é esse grande potencial e essa ação perfeita de Deus individualizados. Em vez de se concentrar num pensamento, afirmando: "Minha perna está curada", você diz algo como: "Eu sou uma expressão perfeita da Causação divina una. Sigo em frente com tranqüilidade, alegria e deleite. Sou total e expresso uma saúde perfeita."

Você nega as negações e não a doença, pois a doença não existe como causa. A negação está simplesmente dizendo que a doença é aparentemente tão real como a causa e o efeito. Se você se concentra na desordem, na perturbação, na doença, na aflição, você fica preso por ela. Desse modo, o tratamento espiritual seria parecido com qualquer outro tipo de terapia. Outros tipos de terapia da mente-corpo, tais como a visualização, a meditação e o pensamento positivo, como veremos mais tarde, estão realmente concentrados no físico e no material. O tratamento espiritual se concentra no superior. Ele dissolve essa negação física e material da verdade essencial a seu respeito.

Para realizar a cura, você usa a lei da criatividade de uma maneira positiva e construtiva, e reconhece que no universo o princípio da totalidade é a substância e a essência da sua natureza. Você diz: "A substância e a essência da minha natureza, a totalidade, é o meu verdadeiro ser. Vim de uma totalidade universal e vivo a totalidade, expresso e manifesto a totalidade. A totalidade está ao meu redor, a totalidade está dentro de mim."

A qualidade da totalidade se manifesta, então, naquilo que você chama de o seu corpo físico. O seu corpo é, basicamente, um complexo de idéias espirituais em ação perfeita. Você manifesta essa ação perfeita agora, dentro e através do seu corpo físico: em cada célula, tecido, músculo, órgão, função, ação e reação. Desse modo, você não focaliza a saúde abalada, nem focaliza o tratamento nos seus olhos físicos ou no seu braço ou no cotovelo. Em vez disso, você vê a ação das idéias espirituais perfeitas expressando-se através de você.

Também é importante lembrar-se de que ninguém pode realizar o trabalho total do tratamento de cura para você. Outra pessoa pode ajudá-lo e apoiá-lo no seu trabalho de tratamento espiritual. É isso o que pode fazer um médico treinado nesse método. Mas há uma certa quantidade de trabalho que é um trabalho com a consciência e que só você pode fazer para si mesmo. Você precisa tomar a decisão de que irá viver uma qualidade de vida diferente e melhor, ou uma vida de mais honestidade e de mais amor.

O QUE É O TRATAMENTO ESPIRITUAL?

Um tratamento espiritual é uma série de palavras que são proferidas para criar mudanças na sua mente subconsciente. Você pode influenciar o inconsciente, você pode mudar a maneira como ele age através de você e se expressa através de você. Por meio da percepção consciente e do uso consciente da sua mente no processo denominado tratamento de cura espiritual, você pode rearranjar, ou modificar, grande parte do lado inconsciente conforme ele flui através de você.

Pronunciar em voz alta as palavras do tratamento o ajudará a se concentrar nelas mais intensamente. Embora as palavras constituam o meio através do qual o tratamento se inicia e se expressa, as palavras continuam sendo símbolos de um estado de consciência, de um complexo de idéias. A "palavra" se expressa como idéias ou como uma idéia ou uma concepção que você tenha em mente.

Porém, lembre-se de que as palavras são símbolos. Elas representam o seu "conhecimento" espiritual — isto é, o seu entendimento do que a vida é e de como ela funciona. A repetição de palavras vazias nada realizará. É por isso que afirmações inspiradoras perdem logo o seu poder e o seu apelo. Ficam cristalizadas numa fórmula congelada: Perdem a dinâmica espiritual que é a força vivificante que está por trás do trabalho de cura espiritual. E isso pode vir apenas através do seu entendimento e do seu reconhecimento pessoal da sua ligação indissolúvel com o Divino.

Se você não pronunciar em voz alta as palavras do tratamento, mas o fizer silenciosamente, é fácil para a sua mente extraviar-se naquilo que aconteceu ontem, ou no que você teme que possa acontecer amanhã. Antes de saber isso, você está fazendo um tratamento, mas parte de sua mente está em outra coisa. Quando isso acontece, você precisa começar novamente o tratamento desde o princípio. Se você fizer o tratamento silenciosamente, terá de continuar voltando ao princípio, e começar de novo cada vez que a sua mente se desviar para fora da trilha. Muitas pessoas pensam que podem fazer o tratamento em silêncio, e de fato ele pode ser feito dessa maneira, mas a maioria das pessoas, especialmente nos primeiros estágios do trabalho, não consegue manter sua atenção durante o tempo todo num tratamento silencioso. Elas pensam que estão se tratando, mas na verdade estão se extraviando em várias direções. Quando se apanham vagueando, continuam a partir de onde se lembram que estiveram antes. Mas então o impulso está perdido e a inspiração diluída. Para que o tratamento seja eficiente, você precisa permanecer totalmente atento a ele.

É melhor pronunciar em voz alta as palavras do tratamento. Acostume-se com o som da sua voz de maneira que não preste mais atenção a ela. Focalize as idéias e os pensamentos que estiver expressando. Quando realmente começar a fazer isso, perceberá que você não ouve mais a sua voz e será capaz de prestar atenção no pensamento que está expressando. Deixe o pensamento fluir através de você. Sua mente não vagueará muito. É difícil distrair-se quando você está falando em voz alta, pensando, sentindo e escutando. Você está utilizando uma parte maior dos seus sentidos no processo de tratamento.

Você pode começar um trabalho de cura espiritual com uma abordagem mecânica. Você, provavelmente, usará de início as palavras de outra pessoa, talvez um dos tratamentos no Apêndice deste livro. Escolherá um tratamento apropriado ao seu problema e o lerá em voz alta, como será descrito no Capítulo 5. Afirmará para quem é o tratamento (para você ou para outra pessoa) e então o lerá em voz alta. É um processo mecânico.

Você repete o tratamento para o problema que está tentando resolver até sentir (demonstrar) resultados. A cada dia, você repete as palavras do tratamento. Você não realiza o tratamento e interrompe o trabalho espiritual. Você faz o tratamento a cada dia até que suas percepções negativas desapareçam e ocorra a mudança na sua consciência que, por sua vez, se manifesta na sua experiência de vida.

Você trata cada problema individualmente, um por vez. Você não pode tratar todos os seus problemas de uma só vez, ou num tratamento espiritual único. Em vez disso, focalize uma única situação, e quando ela desaparecer, você poderá passar para a seguinte.

Você precisa ser específico ao expressar as palavras do tratamento, de modo a saber que a idéia perfeita de saúde ou de felicidade, ou de qualquer que possa ser o seu objetivo, é o seu estado de ser agora. Isso faz parte do teor do tratamento, que se expressa em frases precisas tais como: "Esta é a minha vida agora."

COMO O TRATAMENTO ESPIRITUAL DIFERE DOS SISTEMAS DE CURA MENTE-CORPO

A ligação entre mente e corpo é hoje amplamente reconhecida entre a maioria dos médicos. As listas de *best-sellers* estão cheias de livros a respeito da ligação mente-corpo, tais como os de Deepak Chopra, médico, os do Dr. Larry Dossey e os do Dr. Bernie Siegel. Os livros do Dr. Chopra falam a respeito de níveis superiores de cura, cura arraigada na Ciência da Mente. O Dr. Chopra aborda o sistema indiano da medicina ayurvédica, que inclui a ioga, o uso de ervas, a nutrição e a meditação, e as possibilidades de uma realização superior. Em sua maioria, esses livros se relacionam com uma combinação de elementos que, de alguma maneira, fornecem ou descrevem a ação ou a interação entre mente e corpo e vários elementos situados além das concepções médicas ortodoxas normais de cura, de cuidado com você mesmo e de cuidado com o corpo. Eles introduzem a nutrição e a meditação, e falam de ação psicossomática.

Outro doutor em medicina, cujas obras têm aparecido na lista dos *best-sellers*, o Dr. Larry Dossey, reitera parte da mensagem do Dr. Chopra. Depois de praticar como médico durante muitos anos, o Dr. Dossey trocou sua prática médica por uma pesquisa de tempo integral sobre a relação entre saúde física e percepção espiritual. Em seus livros, ele relata várias histórias clínicas que ilustram como o pensamento e a emoção influenciam o corpo. Em seu livro *Healing Words,** o Dr. Dossey menciona o meu trabalho na cidade de Nova York.

O Dr. Bernie Siegel, outro autor de *best-seller*, está na linha de frente de um sempre crescente número de médicos que não temem dizer o indizível: que há mais coisas envolvidas na cura do que o físico. O Dr. Siegel era um notável cirurgião de câncer antes de se aposentar da prática médica para dar conferências a respeito do papel da consciência pessoal e da realização espiritual na manutenção da boa saúde.

Outro livro importante, *Spontaneous Healing*, escrito por Andrew Weil, médico, fornece sugestões para a manutenção da boa saúde total da pessoa.

Praticamente, atualmente, todas as pessoas aceitam que existe uma relação entre mente e corpo, entre pensamentos e sentimentos

* *As Palavras Curam*, publicado pela Editora Cultrix, São Paulo, 1996.

e o corpo físico. O corpo afeta a mente, e a mente e as emoções também afetam o corpo.

Tudo isso está bem até certo ponto. Porém, é inadequado, pois, por trás disso, está a fonte de tudo, e é onde estamos procurando no nosso trabalho de tratamento espiritual. Entendemos que precisamos fazer correções no nosso nível humano de experiência. O princípio do psicossomático opera em todas as circunstâncias — de doença ou saúde. Sempre opera por meio do nível físico humano da mente e da experiência. Pensamentos e sentimentos modificam a nossa experiência, o nosso corpo; e a nossa experiência e o nosso corpo, com freqüência, modificam o estado de pensamento ou o sentimento. Portanto, há uma inter-relação psique-soma, soma-psique, no mundo físico e material da experiência. Para dar um passo adiante, acredito que, em última análise, toda a experiência humana é o uso ou o mau uso da consciência.

Todos os pensamentos e emoções que temos na nossa vida permanecem numa área subconsciente da mente. Eles influenciam o nosso comportamento, a nossa saúde física ou a nossa doença e a maneira como reagimos à vida. São padrões do nosso pensamento que se projetam através da nossa vida sem que estejamos conscientes do que está acontecendo.

O tratamento espiritual pode modificar, modular, mudar ou até mesmo apagar muitos desses padrões em nós no nível subjetivo (subconsciente). Você não modifica a experiência externa, ou manifestação externa, no tratamento espiritual; em vez disso, você modifica os padrões internos, as tendências subjetivas, *por trás* da manifestação.

No tratamento espiritual, aceitamos a idéia da psique-soma, mas reconhecemos que há muito mais. A cura espiritual inclui um fator espiritual dinâmico. Esse fator torna nosso método de cura espiritual diferente de outras abordagens da cura devido ao que fazemos e a como o fazemos. O tratamento espiritual é mais do que apenas mente e corpo. É mais do que apenas ter pensamentos positivos e construtivos, ou ter pensamentos felizes e afirmativos. Isso tem que ver com a clarificação da consciência. É se estender até algo mais alto e mais amplo do que aquilo que parece existir na vida, em você e em mim. Está relacionado com um Poder Superior, a Fonte da existência.

Então, o tratamento espiritual não é apenas mente e corpo. Não é apenas psicossomático, numa atmosfera de pensamento positivo ou de afirmações e negações simples. Ele pode incluir algumas dessas concepções, mas é muito mais. O tratamento espiritual tem que ver com o entendimento espiritual. Ele expande a sua percepção da Mente ou do princípio maior no universo. Percebe sua ligação com uma Fonte, com um Poder, que está por toda a parte, ao nosso redor e dentro de todos nós, e operando sempre.

O tipo de pensamento construtivo que você realiza no tratamento espiritual é mais do que apenas pensamento afirmativo. Afirmações são úteis, mas ficam mais fracas com a repetição. No tratamento espiritual, você pode utilizar afirmações, mas as utiliza apenas uma vez. Então você as muda. O tratamento funciona melhor quando é espontâneo e quando o sentimento está fresco. O sentimento é a chave e o combustível subjacente ao trabalho de cura espiritual. No tratamento espiritual, o pensamento construtivo que utilizamos é o entendimento de todo o processo da criatividade no universo — isto é, a Mente em seu modo de ação-reação — e a maneira pela qual participamos nesse processo. Começamos a pensar de uma maneira totalmente diferente de apenas tentar manter um pensamento positivo ou repetir uma afirmação positiva.

Como o tratamento espiritual difere da meditação

A meditação é o que os místicos fazem. É o pensamento a respeito de uma idéia, é a contemplação tranqüila de uma idéia. É uma tentativa de sentir, de conhecer, de absorver, de assimilar ou de "sentir" uma idéia. É uma experiência de algo que poderia ser chamado de supramental. Na meditação, você pode ruminar sobre algo ou contemplar algo. O tratamento espiritual, por outro lado, é pensamento e raciocínio claro apoiado por sentimento, com o propósito de produzir uma idéia enquanto forma. É normal para a mente subjetiva ou subconsciente criar ou expressar a si mesma. O tratamento é uma diretriz para essa área subconsciente ou inconsciente da mente. Você seleciona com intento deliberado uma idéia que quer vivenciar ou objetivar. Você a coloca na mente subjetiva ou subconsciente por meio de uma linguagem espiritual rápida e deliberada, que é específica, definida e preferivelmente audível. Ela libera o pensamento e o sentimento numa parte mais profunda da mente.

Tratamento espiritual e outras terapias

Outra via de tratamento mente-corpo, a cujo respeito você já ouviu falar, é a do toque terapêutico ou da imposição das mãos. Muitos acreditam que ela cura influenciando o campo energético do paciente. Supõe-se, então, que a cura ocorra tanto interna como externamente. É muito fácil se orientar para essa ação externa porque ela está focalizada fisicamente. Mas o tratamento espiritual evita ou passa ao largo dessa necessidade de realizar coisas físicas, seja impondo literalmente as mãos sobre a pessoa ou passando-as por ela sem tocá-la. Você se senta tranqüilamente, com os olhos fechados, e obtém a compreensão espiritual do seu ser. A posição da pessoa não é significativa. O "tratador" pode se sentar ou ficar de pé e pronunciar a palavra em voz alta no tratamento espiritual para a realização daquilo que é chamado de ação correta ou ordem divina no corpo, na mente, nas emoções e nos assuntos de uma pessoa. O resultado é que as pessoas são curadas; elas têm demonstrações de bem e de harmonia. Tudo acontece tranqüilamente, naturalmente e, em geral, de maneira não-dramática.

Os pesquisadores estão conseguindo sempre mais dados que assinalam que, em definitivo, algo está acontecendo nas terapias do toque terapêutico. Porém, pelo fato de isso ocorrer no mundo dos fenômenos, pode parecer dramático, excepcional, inusitado, sobrenatural. Creio que aquilo que qualquer sucesso do toque terapêutico ilustra é a lei dinâmica da Inteligência ou Mente universal operando por meio da consciência, da intenção e da ação física desses agentes de cura pelo toque. Qualquer resposta ocorre por intermédio das crenças ou da receptividade por parte do paciente. A energia sobre a qual esses agentes de cura falam é realmente a energia divina do Espírito que está ao redor e dentro de todas as pessoas, e se movimenta através de cada um de nós. Essa energia do Espírito está sendo vivenciada através de nós durante o tempo todo, e ela se expressa ou emana pela consciência e pela percepção exaltadas e expandidas.

No tratamento da cura espiritual você não tenta enviar pensamentos; você não tenta focalizar energia sobre as pessoas; você não mantém as mãos sobre uma pessoa. O que você faz é saber algo especial a respeito de alguém baseado no seu entendimento espiritual e no seu conhecimento espiritual. Essa é a sua fé. E isso é o que está subjacente, que se movimenta através da ação e que motiva a ação na consciência do "curador" e do paciente. Essa energia está sempre em ação e está sempre sendo expressa.

Como o tratamento espiritual difere da prece

O tratamento espiritual pode parecer semelhante à prece, e num certo sentido ele é, mas há diferenças básicas entre o tratamento espiritual e aquilo que, usualmente, é considerado prece. A prece é, com freqüência, um apelo a um Poder Superior: a um Pai, a uma Mãe, a um santo, como intermediários. Dirige-se a uma fonte fora de você, que pode ou não responder, ou que pode responder mas não exatamente da maneira como a pessoa gostaria. A prece usualmente está relacionada com uma concepção externa de Deus e com um Poder invocado por petição ou por meio de apelos persuasivos. Deus é percebido como mutável tanto na ação como na reação para com o ser humano individual. Às vezes, Deus é visto como um detentor do bem ou como um emissor de provações, de testes ou de tribulações.

O tratamento espiritual baseia-se num ponto de vista totalmente diferente. O tratamento começa com o entendimento espiritual que reconhece que a Inteligência e o Poder infinitos devem ser, igualmente, uma infinita capacidade de dar, que pode ser interpretada somente como amor ou amor divino. Expressa-se como uma força vital e deve se manifestar no interior, e através, de todos os seres, de toda a vida. A Inteligência e o Poder infinitos significam realmente que estão presentes por toda parte. O tratamento espiritual é um reconhecimento de que a Inteligência e o Poder infinitos estão dentro de todas as pessoas, e que as pessoas podem dirigir sua ação por meio de um uso da consciência ou do pensamento. Deus, ou o Grande Espírito, é percebido nesse sentido como um princípio impessoal que reage a todas as pessoas. Ele é o Grande Doador. Ele não seleciona, não escolhe, como o faria um ser humano. É um princípio mental que reage a todas as pessoas. Ele não respeita uma pessoa em especial; ele respeita todas as pessoas. Ele responde a todas as pessoas. Como? Reagindo ao pensamento de cada um. O que você pensa e sente, quais são suas percepções do universo, do cosmos, do poder, do eu, do espírito: o que você pensa da vida se reflete de volta na *sua* vida e na sua experiência. Portanto, a Mente infinita também podc ser considerada um refletor infinito: sempre refletindo de volta para você e para o seu mundo o estado da sua mente ou da sua consciência.

Como o tratamento espiritual realiza a cura

O primeiro princípio da cura espiritual é o fato de que há no universo uma Inteligência, ou Mente criativa, maior que a humana. Essa Inteligência é a consciência fundamental e essencial do universo. Está sempre operando através de tudo. Causou tudo o que poderia possivelmente existir. É infinita. É eterna. É o princípio básico e fundamental uno. Muitos o chamam de Deus.

A base da cura e a base do tratamento espiritual é o fato de que essa Inteligência ou Mente funciona como uma lei que responde ao nosso pensamento. Em outras palavras, há no universo um princípio mental que opera como lei e sempre responde ao seu pensamento. Você não pode escapar dele.

Devido ao fato de ser um princípio infinito, nunca podemos entendê-lo plenamente. Porém, emergimos dele, e vivemos nele. Somos parte dele. E nossa percepção dele pode crescer e se desdobrar. Nosso potencial para "conhecer" deve ser infinito. Essa percepção do ser espiritual é a nossa natureza divina; chame-a de a sua essência Divina ou de Mente una que se expressa em você. Outra maneira de olhar para isso é pensar no Divino que conhece a si mesmo na posição em que você está. É como a planta que está ciente de si mesma por meio da flor. Você pode sempre saber mais, perceber mais, entender mais, do que agora.

Nesse contexto, a cura significa mais do que apenas curar um pulso ou as costas ou uma perna ou um órgão interno. É muito mais do que a cura física. Você não trata uma mão ferida ou um braço ferido. Pode parecer que a dor está no corpo, mas na verdade não está no corpo. Está na consciência, e essa dor na consciência não está na mão afetada. Pode haver uma queimadura, mas, efetivamente, as áreas de sensação estão no cérebro e ao longo do sistema nervoso, e em seguida ocorre a comunicação da dor e do ferimento. Efetivamente, essa sensação que você sente provém de uma área muito diferente daquela onde fica apenas a mão. É o resultado de um processo complexo. Eu não estou dizendo que você deveria não reconhecer a dor. Algumas pessoas não são capazes de sentir dor de nenhum tipo devido a um desajuste nervoso, e isso pode ser extremamente perigoso. Porém, você precisa entender que a dor é, basicamente, o resultado da consciência, e não está na coisa externa. À medida que você trabalha com a consciência, você irá mudar o seu mundo de experiência.

A cura é uma ação muito mais ampla, e isso significa aprender a se encarregar do seu ambiente: do mundo da sua mente, das emoções, do corpo, das circunstâncias de todos os tipos e de toda natureza. É cura de todo o organismo, de toda ação do seu ser e da sua vida.

Na cura espiritual, o processo é automático, uma vez que você esclareceu a sua consciência, removeu bloqueios e reconheceu sua ligação com a Mente infinita do universo. Técnicas tais como a visualização, a afirmação e a retenção de bons pensamentos envolvem atos de força de vontade, que ocorrem no nível humano e não no nível superior da percepção espiritual que resulta na cura.

Uma das coisas que você *não* deveria fazer é escrever uma lista de todos os pensamentos e sentimentos que você poderia ter, e ao seu lado fazer uma outra lista de problemas, como se uma equilibrasse a outra: que tal pensamento cria tal doença, que tal pensamento cria tal problema, que tal pensamento produz alguma outra condição. Somos uma consciência complexa, e os problemas na nossa vida não são tão simplistas. Eles não se equilibram com igualdade. Algumas emoções negativas se expressam em certas perturbações físicas. Porém, nunca fazemos listas de correspondências, dizendo que isso cria aquilo, que produz isso, e tudo o que você precisa fazer é repetir a afirmação apropriada e resolverá os seus problemas.

MÉTODOS DE TRATAMENTO

Há dois métodos de tratamento espiritual. O primeiro é um tratamento argumentativo, e o segundo é um tratamento de realização. Você utiliza o método de que precisa no tempo particular que convém ao seu estado de ânimo.

O tratamento argumentativo é um tratamento do tipo não-sim, no qual você raciocina dentro de si mesmo, baseando seu "argumento" nas idéias espirituais descritas antes. Quando faz isso, as negações são desenergizadas, neutralizadas e dissolvidas na consciência. O resultado simultâneo é que você começa a se movimentar para um nível de percepção mais alto ou mais profundo. No tratamento de realização, você contempla a bondade e a totalidade, que você sabe que é a natureza ou a verdade essencial da Inteligência universal e de si mesmo enquanto sua expressão. Para o tratamento de realização ser eficiente, você precisa se encontrar num estado de serenidade, de equilíbrio espiritual ou de percepção tranqüila da verdadeira natureza do universo.

Você provavelmente precisará usar a forma argumentativa de tratamento na maioria dos casos — certamente de início — porque ainda não atingiu o estado de serenidade e de "conhecimento" que é necessário para que o tratamento de realização seja eficiente. Você precisa primeiro se livrar dos padrões negativos na sua consciência, negando as negações da boa vida que provêm do mundo ao seu redor. Nós internalizamos essas sugestões e elas criam os nossos problemas.

O tratamento argumentativo existe porque a maior parte da experiência humana é uma controvérsia entre onde você está na consciência e na experiência e aquilo que as opiniões e as crenças do mundo nos contam a respeito da sua vida pessoal e das suas expectativas. A controvérsia ocorre entre a tabela atuarial — a lei das médias — e as suas esperanças, metas e experiências pessoais. As sugestões negativas provenientes da cena limitada, humana, devem ser rompidas pelo raciocínio espiritual no tratamento de cura, até que você comece a ascender na consciência rumo a um mais alto nível de consciência. A essa altura, você estará dirigindo a parte criativa, subjetiva, da sua consciência para que ela apague os velhos padrões de crença e de aceitação da circunstância humana: a mente humana racional tirando conclusões das experiências humanas lógicas. Em seu lugar, há uma nova consciência que, literalmente, cria novos padrões internos ou protótipos para a experiência exterior, palpável. Esses protótipos se tornam os núcleos e a substância atual para a expressão de um novo você, mental, emocional e fisicamente.

O tratamento argumentativo leva a uma consciência muito esclarecida. Ele tende a ser exigente e determinado. Acumula-se até o ponto em que você conhece a verdade, e esse ponto é realização e libertação dos limites.

A técnica do tratamento argumentativo é realmente uma técnica de raciocínio. Ela o leva através de uma série de argumentos até que você chegue a um ponto de ruptura onde o pessoal causa uma impressão no princípio impessoal do ser. Esse princípio impessoal do ser, atuando automaticamente como uma lei, reage a você como o processo criativo que produz algo na sua vida e no mundo. Os pensamentos são as suas ferramentas. A consciência é o material.

Lembre-se: o propósito do tratamento argumentativo é desenvolver gradualmente a sua consciência até o ponto de realização. Ao atingir esse ponto, você obterá a ruptura, ou a demonstração de um bem especial — em outras palavras, uma cura. Então você poderá prosseguir até o tratamento de realização, no qual sentirá um novo sentido de liberdade e de bem-estar no seu ser. Você sentirá liberdade e bem-estar no seu corpo e na sua vida. O tratamento de realização contempla a idéia perfeita do seu eu, inclusive do seu propósito pessoal ou do seu desejo.

O tratamento de realização deve provir da paz e da quietude interiores. É contemplação, e funciona com o sentimento. É muito fácil enganar a si mesmo com o tratamento de realização. Há uma diferença completa entre pensar a *respeito* da verdade e pensar a verdade. Pensar a respeito da totalidade da grande ação criativa, que é aquilo que você é, e ser isso, "conhecer" isso. Muitas pessoas pensam *a respeito* dessas idéias e acreditam que estão fazendo tratamento de realização, mas, na verdade, estão simplesmente pensando a respeito de algo. O tratamento de realização não é pensar a respeito disso; é ser isso, é, literalmente falando, "conhecer" isso. Então, é a Inteligência universal, por assim dizer, pensando através de você. Há uma diferença total. É por isso que as pessoas, em sua maioria, podem enganar a si mesmas a respeito do tratamento de realização. Estamos cheios de argumentos que vêm da nossa consciência, do nosso subconsciente, do mundo ao nosso redor. Esses argumentos nos dizem por que as coisas não podem ser realizadas ou por que são difíceis. Expressamos esses argumentos por escrito, negamos as negações e nos livramos de todos esses argumentos negativos para saber que a luz pura e brilhante da vida que existe em nós vive através de nós e se expressa, agora, por nosso intermédio. Negar as negações apagou o padrão causativo subjetivo dentro de você.

FASES DO TRATAMENTO ESPIRITUAL

Nos primeiros estágios do tratamento espiritual, as pessoas estão lutando contra o mal ou estão combatendo desafios. Elas passam pelas negações e pelas afirmações, e se movem para o alto na consciência. Essa fase primária ou relativa do trabalho de tratamento é o que você faz quando percorre os passos do tratamento descritos a seguir. Você sobe os degraus para atingir o ponto de irrupção, onde atinge a realização espiritual. É um processo que você atravessa e para onde se dirige; é um processo de conhecimento, de se tornar ciente; ele o introduz no reconhecimento real, na convicção profunda e num profundo entendimento de que o espírito do Ser, a Grande Natureza, são a natureza que você é. Esse estado de consciência é denominado de fase absoluta do trabalho de tratamento.

A fase primária ou relativa de tratamento é onde você está em condições ordinárias. A maioria dentre nós é tão assaltada pelos pensamentos e sentimentos e experiências daquilo que chamamos de condição humana e lei das médias que estamos cheios de um complexo de crenças, de opiniões e de aceitações da consciência coletiva da raça humana. Somos adulterados e estamos impregnados de grande quantidade de material negativo. Ele está todo ao nosso redor; você não pode ligar a televisão ou o rádio ou ler um jornal diário sem se sentir cercado por ele. Você o recebe quase automaticamente. Ele se aloja no seu subconsciente e, com freqüência, jaz adormecido mas pronto para explodir na sua percepção consciente e nas experiências externas.

Grande parte da influência e do influxo negativos residem nesse nível inconsciente. Você poderia chamá-lo de mente racial, de crença racial — expressões que denotam a consciência coletiva da raça humana. Independentemente de como você o rotule, há uma consciência coletiva que é sempre operativa, que é a expressão da visão material limitada e física do mundo, da vida e da experiência. É como se fôssemos porosos e absorvêssemos tudo isso. Está aí, por trás de tudo. É por isso que o tratamento argumentativo é, com mais freqüência, o caminho por onde ir. Ele romperá na sua mente os argumentos que dizem "não" ao Espírito ou ao pensamento espiritual, "não" à totalidade, "não" à harmonia. Essa fase do tratamento de cura o erguerá até um ponto de convicção que o levará até o nível do que chamamos de Absoluto.

Na fase ou nível absoluto do tratamento espiritual, você vem a entender que não há luta, pois, na realidade, não há nada para se combater. Portanto, não há uma campanha contra o erro, o mal ou a desordem de qualquer tipo. Na verdade, nesse estado de consciência não existe erro; você apenas o repudia — repudia o assim chamado mal ou negação porque ele não é nada na suprema realidade do Espírito ou,

Deus. Não o transforme em algo, pois ele não tem substância. Nada tem a ver com você; você está no Poder universal, e pertence a ele, que é bem essencial, e a absoluta ação de desdobramento de suprimento proveniente da Substância infinita está em operação o tempo todo, emanando o tempo todo. Você é enriquecido continuamente por ela, e a manifesta e a expressa de todas as maneiras: mentalmente, fisicamente, emocionalmente e em todos os seus assuntos. Essa é a essência do tratamento. Ele se torna uma entidade espiritual em sua mente e, por meio da lei criativa da consciência subjetiva, projeta-se na forma da sua vida.

Você pode ingressar nessa fase absoluta do trabalho de tratamento quando se encontra nesse estado de despertar, de percepção e de entendimento espiritual que você, simplesmente, "sabe". Quando o seu despertar para as verdades do ser aumenta, quando a sua percepção espiritual se desenvolve, sua vida se torna uma via de acesso mais clara para a expressão da totalidade e da harmonia e, além disso, suas crenças mudam para concepções menos limitadas da vida e do eu, e ingressam numa maior liberdade e num maior bem-estar.

Na suprema realidade do ser, tudo é total, tudo está bem, é perfeito, completo. Essa é a verdade essencial, e esse é um estado que você pode começar a vivenciar. Você realmente não consegue obtê-lo por meio de táticas e de purificações psicológicas. Você, simplesmente, é esse estado e precisa realizá-lo. Você precisa estar nessa modalidade de pensamento, de compreensão e de sentimento. E pode subir até esse estado por meio dos passos do tratamento argumentativo. O tratamento argumentativo o levará a subir a escada da percepção até essa posição de avanço revolucionário, que é consciência expandida, chamada de realização espiritual.

O PROCESSO DE TRATAMENTO EM QUATRO PASSOS

Há quatro passos, ou componentes, em cada tratamento espiritual: reconhecimento, unificação ou identificação, particularização e liberação. As palavras de todos os tratamentos incluem esses quatro componentes.

Reconhecimento significa reconhecer o que é o universo, o que é a vida. Ele se expressa no tratamento por palavras como: "Há somente uma vida, um princípio mental, um Poder e uma Presença no universo. É a Inteligência criativa." Por meio dessas idéias e de outras semelhantes, você reconhece que o universo, toda a vida, é uma totalidade em si mesma e que você é parte dela, está ligado a ela, nunca está separado dela. Você emergiu da nutritiva idéia-semente da Inteligência universal como uma flor emerge do bulbo materno. A Substância universal ou energia criativa dá vida e força à idéia em maturação.

Você reconhece que a Inteligência e o Poder infinitos estão por toda parte, sempre. Estão dentro de todos os seres, de toda a vida. Você não é, simplesmente, um indivíduo materialisticamente e fisicamente ordenado. Você vive na vida, você experimenta a vida, você abraça a vida, humana e fisicamente, você a ama, mas você é, em essência, orientado em direção à causa primária e ao protótipo que está por trás da sua experiência de vida. Você é parte da Mente universal e expressa um arquétipo ou padrão nela.

A segunda parte de um tratamento é a unificação ou identificação, na qual você identifica a si mesmo como uma parte individualizada do todo. Como aprendemos no Capítulo 1, somos parecidos com os raios do Sol ou com as flores numa planta: cada um de nós é individualizado, mas ainda está ligado ao todo, ainda é parte do todo. No tratamento, isso é expresso com palavras como: "Esta Inteligência criativa está atuando através de mim, expressando-se como eu. É a minha mente agora, operando através de mim." Outra maneira de pensar sobre si mesmo é como uma onda num oceano infinito. Desse modo, na realidade, você é o oceano enquanto onda. Todos os elementos ou substâncias químicas do oceano também devem estar na sua onda. Dizemos que a consciência humana é a ponte entre a Mente universal e a expressão particular numa forma individual.

No terceiro passo do tratamento, a particularização, você estabelece que cada crença errada, cada bloqueio, cada sugestão de que você está separado do todo, é, com isso, banido, neutralizado, dissolvido como resultado do seu pensamento intencional. Portanto, você é capaz de ver claramente quem você é, o que você é, onde você está, e é capaz de saber o que fazer. Você reconhece que o padrão ou protótipo perfeitos para a sua experiência (a saúde específica de uma parte ou função do corpo) existe e é a substância e a forma da experiência do seu corpo agora. Então, você é capaz de fazer o que é certo para você — e com facilidade. Algumas pessoas dão ao resultado desse pensamento o nome de orientação a partir de dentro ou orientação divina. É a faculdade intuitiva que se torna afiada por meio desse "trabalho".

O estágio final do tratamento é a liberação. Você se rende à ação da Inteligência ou Mente universal e libera o tratamento de cura para a lei da ação criativa, sabendo que a mudança ou realização está ocorrendo. Isso não pode deixar de acontecer, pois é a ação natural da lei universal.

Para atingir a demonstração de um propósito, você precisa selecionar uma idéia sabendo que a Mente universal a está aceitando por intermédio da sua consciência, e que agora está se tornando forma. Você libera esse "conhecimento" na lei da mente e compreende que agora ele está sendo gerado na sua experiência. O protótipo espiritual existe, e, como você o reconhece, ele tomará a forma de ação correta para você. Ao tomar as circunstâncias em desenvolvimento como orientação e como uma afirmação do seu "conhecimento" (tratamento), você é levado para a frente em direção ao seu objetivo. Essa é a lei do suprimento, que o guiará até a demonstração (manifestação do propósito) devido ao seu uso pessoal da lei da mente.

Você diz algo como: "Entrego este tratamento à grande lei da mente. Rendo-me à ação de Deus. Assim é, e assim precisa ser."

Ao compor um tratamento próprio, você imaginará as próprias palavras que usará para cada um desses estágios ou componentes do tratamento.

Equivalentes mentais e espirituais

Como expliquei no Capítulo 1, para tudo o que vemos no universo há uma idéia espiritual específica. Esta pode ser uma idéia isolada ou um complexo de várias idéias combinadas. São específicas, positivas e definidas. São os alicerces de construção do cosmos. E estão presentes em toda parte. Damos a eles o nome de *arquétipos do ser*, pois são os blocos de construção do universo. São os padrões que há por trás de tudo o que pareça ser a causa de toda a experiência. No impulso geral da força vital, podem parecer negativos. Porém, o que podemos chamar de tragédia ou de infortúnio é, simplesmente, o processo evolutivo da seleção natural, a sobrevivência do mais apto e as leis da natureza. Pode nos entristecer o fato de que os dinossauros não perambulam mais pelo planeta, como nos primórdios da sua história.

Não obstante, o progresso exige mudanças e a inexorável maré dos tempos causa a ocorrência de novos desenvolvimentos, freqüentemente com a dizimação dos antigos.

No nosso trabalho de cura espiritual, vemos equivalentes espirituais do esquema arquitetônico da vida. São as vigas de apoio, bem como a infra-estrutura da vida. Outra maneira de pensar sobre essas idéias ou forças racionais é como um DNA ou um RNA num nível espiritual. Eles estão lá, e nada temos que ver com a sua criação, com a sua ação ou com o seu poder na vida.

Ora, os equivalentes mentais são inteiramente diferentes. Estão diretamente relacionados a nós, às nossas mentes, emoções e ações. Representam a maneira como utilizamos equivalentes espirituais, consciente ou inconscientemente. Constituem nossa mentalidade, pensamentos ou sentimentos relativos a tudo o que encontramos por meio dos sentidos físicos. A mente é o meio para essa ação, e as emoções são a força impulsionadora ou instigadora que se move através de tudo isso. Essa força mental é a base de toda experiência humana. É a razão que está por trás de todos os sistemas de auto-aperfeiçoamento que tentam realizar mudanças por meio do aperfeiçoamento do pensamento. Sejam eles o princípio da liderança efetiva, do sucesso e da prosperidade, da atividade dinâmica da diplomacia ou da cura espiritual, eles estão relacionados com essa concepção.

No nosso método de cura espiritual, reconhecemos que os equivalentes espirituais, bem como os equivalentes mentais em nossa vida fornecem os alicerces da nossa existência. O que entendemos é que o pensamento é o primeiro e maior passo na ascensão do espírito humano por uma escada da consciência até a realização espiritual. O segundo fator, igualmente importante, nesse movimento da consciência para cima, rumo às alturas iluminadas da percepção, é a emoção. O sentimento projetará a consciência em novos e superiores domínios do ser. Ele é a energia que está por trás da cura espiritual.

A tradução do caminho

Como diz uma canção: "Cada pequeno movimento tem um significado todo próprio", e essa frase transmite uma mensagem verídica. Cada órgão, função e ação do seu corpo é um símbolo de uma *fisiologia espiritual* — a função de uma idéia espiritual. Quando damos início aos nossos tratamentos espirituais, começamos traduzindo um órgão, uma função ou um distúrbio físico numa idéia espiritual ou numa força da consciência. Como realizamos essa façanha? Muito simples. Usamos o dicionário.

Para traduzir o físico numa idéia metafísica, você precisa entender o significado do problema. Ao definir o órgão, a função ou o distúrbio, você obtém um enfoque nítido da condição a ser desobstruída de bloqueio ou de disfunção. Quando procura o seu significado num bom dicionário, você aprende o significado comum e aceito de um órgão ou da perturbação que parece provocar nele uma enfermidade ou atacá-lo. Essa é a crença coletiva e a opinião médica relativa à situação. E é isso o que manipulamos no trabalho espiritual e mental.

Nunca aceite como palavra final as listas dos assim chamados equivalentes mentais, que você encontra em livros sobre medicina complementar e abordagem espiritual ou metafísica da cura. Os livros podem ser recomendáveis, mas as listas de enfermidades e de suas causas são escolhas pessoais do autor. Você precisa descobrir seu próprio equivalente mental pessoal, que dá início ao curso do tratamento. É a sua reação à definição que o dicionário oferece da sua enfermidade que é importante, em combinação com as crenças humanas em geral, como são descritas na definição. É onde você começa suas negações das negações da opinião humana no processo espiritual. Ocorre no terceiro passo de um tratamento espiritual, denominado particularização.

Agora, vejamos como você poderia começar a "manipular" um problema na sua mão no tratamento espiritual (este exemplo será desenvolvido posteriormente, no Capítulo 5). Uma definição simples de mão é: "A parte inferior do braço, para agarrar coisas." Quando começa a tratar a sua mão, você reconhece que a capacidade e o poder da "idéia" da mão nunca podem ser diminuídos, distorcidos ou ficar sujeitos a doenças. Enquanto idéia espiritual, ela sempre permanece intacta e não pode estar sujeita a nenhum ataque físico — quer por parte da mente, das emoções ou do ambiente físico. É uma idéia total e perfeita na, e da, Inteligência universal, e permanece uma expressão da idéia de agarrar concepções espirituais e experiências de vida e de soltar aquilo que já está completo como experiência de vida — seja ela objetivada como uma pessoa, um lugar, uma coisa, uma situação ou um evento.

O seu tratamento pode incluir qualquer coisa relacionada com a sua experiência de vida no presente, ou vinda do passado, ou talvez do futuro. Muitas vezes nos apegamos a experiências negativas passadas ou àquilo que nos contaram a nosso respeito numa época anterior e que continua a operar através de nós consciente ou subconscientemente. Temores, crenças a respeito do envelhecimento e a intromissão de uma doença (considere também a artrite, se for esse o problema, para incluir mais negações das negações e afirmações da ação correta — a harmonia da ordem divina) também devem ser encarados e dissolvidos no trabalho de cura.

Todo esse assim chamado trabalho mental do processo espiritual destina-se apenas a dar o empurrão inicial para o movimento de ascensão do pensamento espiritual. Então, quando você dispara para o alto no pensamento e no sentimento espirituais a respeito da perfeita idéia espiritual de agarrar com facilidade a vida em cada um dos seus aspectos, e de soltar com facilidade aquilo que está completado, você se dirige para um novo estado de percepção. Essa elevação da consciência, a partir do físico até uma percepção espiritual superior, dá nascimento a uma nova experiência da idéia numa forma renovada, regenerada ou curada denominada mão.

Esse método espiritual começa com um enfoque específico que é um meio para se atingir a liberdade e o bem-estar. Essa é uma parte importante da etapa da particularização no tratamento espiritual (o que será explicado mais amplamente no Capítulo 5). Começa num nível físico e se movimenta para aquilo que chamamos de nível metafísico. É simplesmente uma aceleração da consciência.

Quando você nega as negações do bem no seu tratamento espiritual, sua negação nunca é negação de algo permanente. É sempre negação de uma idéia de algum modo distorcida pela opinião e pela crença humanas. E, devido à posição do ser humano no desdobramento da evolução espiritual da vida, a mente da pessoa pode começar um novo curso na expressão criativa de uma experiência. Isso acontece por meio de um processo de realização espiritual que abre a mente a um Poder que está além do indivíduo, mas, não obstante, funciona através da consciência individual. É essa a ação de cura que, eventualmente, perpassa todos os métodos de prece e de cura espiritual.

DEMONSTRAÇÕES

O tratamento espiritual resulta numa mudança na sua vida que chamamos de demonstração — uma manifestação de um bem em particular. Uma demonstração, ou cura, pode ser sutil ou pode ser dramática. Durante muitos anos de envolvimento com a cura espiritual, observei ou fui informado a respeito de milhares de demonstrações. Uma experiência muito dramática de memória recente envolveu um membro da minha família, a mulher do meu sobrinho.

Em março de 1995, minha sobrinha foi levada às pressas para o pronto-socorro de um grande hospital da cidade de Nova York com uma enfermidade aguda no rim, que surgiu subitamente e a deixou doente ao extremo. Como estava desidratada, passou a receber de imediato alimentação endovenosa. Os médicos não tinham certeza a respeito do procedimento médico. Ela foi colocada em diálise depois de um diagnóstico segundo o qual ambos os rins não estavam funcionando. O prognóstico parecia terrível, com um futuro de diálise feita regularmente e/ou transplante dos rins. Enquanto isso, ela estava sendo mantida com alimentação endovenosa e repouso na cama.

Enquanto ela estava no hospital — por um período de cerca de seis dias — pediram-me para que fizesse um tratamento espiritual para ela. Seu nível de creatinina caiu espontânea e rapidamente. Seus níveis de creatinina ficaram normais e permaneceram assim. Recebeu alta no hospital com um prognóstico revertido e numa condição saudável. Na semana seguinte, ela estava esquiando em Utah, cheia de energia e satisfação. Ela continua a desfrutar de uma saúde exuberante.

A demonstração não é uma vitória, mas uma manifestação, no nível dos sentidos, do que já está aí. É uma manifestação, no nível da experiência dos sentidos, do que já existe. Você não cria coisa alguma. A idéia perfeita já está aí, e está por toda parte. Está ao seu redor e dentro de você, e ao meu redor e dentro de mim. É universal. A idéia de qualquer coisa boa está aí, ao redor de nós e dentro de nós, exatamente agora e sempre. Tornar-se-á uma experiência específica na sua vida quando você conhecer essa "verdade". Nossa tarefa é simplesmente "saber" e não criar; simplesmente conhecer. Então, um processo criativo flui através de nós. A verdade torna-se verdade para você quando é demonstrada na sua vida. A mente-em-ação para você ocorre quando está produzindo algo na sua vida. Quando é um bem específico devido ao nosso tratamento, chamamos isso de demonstração. E essa demonstração é a manifestação em nossa vida de alguma coisa boa.

Lembre-se, como aprendemos no Capítulo 1, a Mente opera como uma lei; é uma ação de causa e efeito que está sempre em ação e que se movimentará junto com você em sua vida, pela sua vida. A lei move juntos todos os elementos exigidos para a criação de alguma manifestação objetiva especial. Pessoas, eventos, situações, atividades — tudo isso se abre. A demonstração não é apenas algo que cai do céu. Sempre, ou quase sempre, aparece como uma apresentação, muito natural na sua vida, de eventos e de situações. Porém, quando você está realmente em demonstração, acontece da seguinte maneira: um, dois, três — uma perfeita ordem em série — e você pode ver o desdobramento ou a perfeita apresentação da harmonia (aquilo que chamamos de ação correta e de ordem divina) na sua vida.

Começando onde você está

A maioria de nós precisa iniciar o tratamento espiritual com um processo mecânico, especialmente se estamos treinando a nós mesmos. Por exemplo, você pega um tratamento na parte final deste livro e o lê em voz alta para si mesmo. Diz: "Este é um tratamento para mim [diga o seu nome]", e em seguida lê o exemplo do tratamento. Você começa assim, mas não pode continuar assim. Se o fizer, como começou de uma maneira mecânica, permanecerá num estado mecânico de consciência sobre o qual operará a lei da ação mental. O resultado será desapontador, uma vez que o tratamento não terá dentro de você o fogo da inspiração. Uma demonstração está sempre no nível da sua consciência — do seu pensamento e do seu sentimento — e não no nível das suas palavras.

Shakespeare expressou isso perfeitamente. Em *Hamlet*, o rei diz depois de suas preces: "Minhas palavras voam para o alto, meus pensamentos permanecem embaixo: Palavras sem pensamentos nunca vão para o céu." Ele está falando a respeito de não ter a consciência, mas apenas a inteligência superficial; de dizer mecanicamente as palavras corretas, mas não ter o fogo, a inspiração, o entendimento, que o impelem para a frente. Isso se aplica igualmente ao tratamento da cura espiritual.

Portanto, você começa de maneira mecânica esse autotreinamento. Porém, lentamente, começará a se desprender do processo mecânico. Você pode fazer isso acrescentando uma palavra aqui, outra ali, no tratamento que lê. Logo depois, você será capaz de acrescentar uma frase aqui, outra ali. Então, você inserirá sentenças inteiras no tratamento extraído do livro. Em seguida, poderá descartar parte de um parágrafo e deixar, em seu lugar, outros pensamentos fluírem através de você. Dessa maneira, você começará a se desenvolver para fora do processo de rotina mecânica, de palavras e frases repetitivas, e ingressará numa ação mental espontânea. Estará tornando o seu tratamento mais pessoal e mais específico. Realmente estará se erguendo na consciência até um conhecimento espontâneo. E o conhecimento espontâneo é o que estimula a força criativa ou a lei em você. A ação de reflexão da Mente em você não responde a palavras mecânicas ou a pensamentos mecânicos, mas à inspiração, ao sentimento, ao entendimento, à convicção que começa a agir dentro de você. Ela refletirá o seu estado de pensamento ou de consciência dentro do seu mundo de experiência.

Para fazer a mudança, as palavras que você pronuncia no seu tratamento espiritual precisam estar arraigadas na convicção. Sua convicção está sujeita a desenvolvimento. Isto é, sua convicção cresce em resposta direta ao seu entendimento espiritual, que surge quando você estuda essas idéias.

Esse estudo e essa prática o ajudarão a atingir o estado de consciência que estamos chamando de convicção. O mundo religioso chama isso de fé, e ela *pode* mover montanhas. Ela remove e dissolve todos os bloqueios de crenças negativas que existem dentro de você, e permite que o livre fluxo de idéias espirituais se desdobre no seu mundo como a criação evidente de algo novo, maior e melhor do que qualquer coisa que ocorreu antes. Isso nada tem que ver com a idade, nada tem que ver com toda a estrutura da crença humana. Tem que ver apenas com o seu "conhecimento" espiritual.

Por que algumas pessoas ficam curadas e outras não

Há dois aspectos no trabalho de tratamento espiritual. Um deles, o aspecto mais básico, é a maneira como a consciência exerce impacto no subconsciente, e o subconsciente atua como uma lei de criatividade para produzir os padrões dos eventos no seu mundo da experiência. Esse aspecto do tratamento envolve as palavras pronunciadas do tratamento, e é fácil de ser aprendido. Um grande número de padrões que constituem a sua vida provém do lado consciente da vida: experiências pelas quais você passa, traumas de vários tipos, pensamentos que você pensa, sentimentos que você tem, toda a sua experiência condicionada de vida.

Pessoas céticas quanto à cura espiritual poderiam achar que o tratamento espiritual é apenas uma técnica de sugestão. Quando faz o tratamento, argumentam eles, você está enviando sugestões ao subconsciente; às vezes isso funciona, às vezes não. Há, porém, um outro aspecto, mais profundo, do tratamento espiritual e que tem que ver com o crescimento espiritual.

O impacto do subconsciente sobre a consciência é, sem dúvida, significativo. Mas o trabalho de tratamento espiritual baseia-se num fundamento do crescimento espiritual: o despertar espiritual, a percepção espiritual e o desdobramento espiritual. Esse crescimento e desdobramento é produzido por meio do estudo, meditando-se a respeito dessas idéias e, em seguida, aplicando-as à sua vida. Combina-se com a ação por vias que são positivas e construtivas. Com o tempo, você será capaz de se aprofundar em si mesmo e de ter uma experiência da Presença universal na sua vida de uma maneira muito pessoal.

Você não pode ser separado de qualquer parte do processo de cura espiritual, e, não obstante, é como se houvesse uma divisão entre dois aspectos do trabalho. O lado do desdobramento espiritual alimenta o lado técnico mais mundano. O lado técnico, a parte mecânica do tratamento, funciona mais e mais efetivamente quando é apoiado pelo lado da percepção espiritual. Quando a sua percepção cresce, você passa a entender que a realidade fundamental, básica, subjacente é totalidade — o padrão perfeito, a harmonia perfeita. Essa compreensão permite que o aspecto mecânico do tratamento se movimente através de você.

O padrão perfeito que é o potencial harmônico de sua vida fica coberto por camadas de condicionamento: as opiniões dos outros, e suas próprias crenças, atitudes, raivas e ressentimentos.

Por que o tratamento espiritual funciona melhor para algumas pessoas do que para outras? Ninguém realmente sabe com certeza, mas há sugestões.

Uma razão provável é que algumas pessoas se acham tão terrivelmente sobrecarregadas com as camadas de condicionamento, de emoções e de pensamentos negativos que são simplesmente incapazes de romper o que as retém. A consciência está tão oprimida que elas são incapazes de perceber a totalidade subjacente à vida. Como expliquei no Capítulo 2, essa mentalidade negativa pode acontecer como resultado de experiências de vida pessoais, tais como pais martelando repetidamente em seus filhos o fato de que sua família nunca teve boa sorte, que eles nunca serão bem-sucedidos, felizes, prósperos e nem terão uma vida saudável e realizada. Alternativamente, isso pode provir, pelo menos em parte, de influências negativas vindas do inconsciente coletivo, que é parte de todos nós, e não da vida pessoal da pessoa.

A combinação da consciência coletiva e dos seus atos de condicionamento individual, pessoal, atua como um inibidor ou bloqueio para a energia criativa que pode permitir ao padrão verdadeiro ou perfeito fluir através da sua consciência.

Para contrabalançar as influências negativas inibidoras, você trata de dissolver os bloqueios da sua consciência. Algumas pessoas têm mais bloqueios, e bloqueios mais fortes, enquanto que outras têm menos. Algumas pessoas são capazes de ter a convicção e a clareza de pensamento que as ajuda a apagar seus bloqueios de maneira relativamente rápida, enquanto que outras nunca parecem sair do vício da limitação.

O tratamento de cura espiritual funcionará somente no nível do nosso pensamento a respeito dele. E se os nossos pensamentos a respeito dele são muito limitados, ele refletirá de volta ao nosso mundo essa experiência limitada, seja na mente, no corpo, na emoção ou nas circunstâncias.

Se você tentar o tratamento de um modo negativo, para obter algum fim — isto é, por meio do egoísmo, da ganância, do egocentrismo, do que quer que seja o oposto do princípio da livre fluência, da expansão da vida — então o princípio que opera como uma lei de causa e efeito moverá a sua vida para uma experiência de perda ou de resistência ao bem que você deseja. É como se você estivesse sendo rejeitado pela vida.

Se você tiver ódio no coração, nunca irá sentir o amor, e nunca irá sentir o equilíbrio, o bem-estar ou a harmonia no seu mundo de ação e de relacionamentos. Você precisa desistir desse ódio. Você precisa se purificar dele. Você precisa se purificar por meio do tratamento espiritual. Você encontrará uma maneira de fazê-lo. E você liberará o lado físico das coisas: os pensamentos e as atitudes para com as pessoas, os lugares, as coisas, as situações e os eventos que são desordenados e destrutivos.

Algumas pessoas ingressam no trabalho de tratamento com uma mente fechada. Elas tratam mecanicamente, nada acontece, e então elas dizem que o tratamento não funciona. Não funciona porque não estão trabalhando com ele sincera e profundamente e com convicção espiritual. Não querem fazer esse esforço. O mesmo princípio vale para o trabalho psicológico ou para qualquer empreendimento físico ou material: nada em troco de nada. Não havendo investimento, não há retorno. É um princípio espiritual que funciona em todos os níveis da vida. Empregue a energia e você obterá energia. Se quiser adquirir boa forma física, você terá de dar um empurrão no seu corpo a fim de desenvolvê-lo. A mesma coisa é verdadeira para o trabalho mental de tratamento espiritual. Exige investimento.

Se você trabalha com o tratamento espiritual mas não consegue obter uma demonstração, não fique desanimado. Continue tentando. E faça todo o esforço para pôr todo o seu ser e a sua energia nesse trabalho. Não se restrinja a executar a técnica de tratamento, lendo e repetindo as palavras de um tratamento compostas para o problema que você está tentando resolver. Faça um esforço renovado para adquirir um sentido mais profundo de sua união com a realidade una, com o universo. Lembre-se de que você é uma individualização da realidade una, e trabalhe mentalmente para entender isso com cada pequena parcela do seu ser.

Olhe para a sua situação de cada ângulo possível para adquirir uma perspectiva revigorada. Então, tente outros tratamentos dos que estão no fim deste livro para se estimular, para dar o arranque no motor. A prática é importante, assim como o é a mudança das palavras do tratamento a fim de personalizá-las e torná-las suas.

Faça o seu trabalho espiritual a cada dia. Reserve um tempo para estudar, para meditar, para fazer o tratamento, para obter um sentido maior da sua unicidade com o Grande Espírito, com a realidade una. *Você é o que é*, expressando-se por aquilo que você é. Você é apoiado e sustentado por isso. Seu mundo físico é realmente um conjunto de idéias espirituais que, por intermédio da lei, tomaram forma física.

E nunca, jamais, desista. Quando você passar a entender a verdade do seu ser, os bloqueios se dissolverão e você terá de ser bem-sucedido. Você manifestará a cura na sua vida.

CAPÍTULO 4

A preparação para a cura espiritual

A preparação é tudo. Desde os ganhadores de medalhas olímpicas aos antigos artesãos que trabalhavam em suas oficinas e às plataformas de lançamento dos ônibus espaciais da atualidade, nada acontece a não ser que alguém treinado e habilidoso faça alguma coisa. E esse alguém, que pode ser uma pessoa ou toda uma equipe de pessoas dedicadas, passa pelo processo de aprendizado, de repetição constante e de observação que evoluiu para um resultado magnífico. O enfoque mental dá apoio ao aguçamento de talentos e de habilidades para produzir o objetivo desejado.

Você tem o talento para a cura espiritual. Cada pessoa nasceu com o potencial interior para espelhar o processo criativo da natureza originadora. Essa é uma herança do indivíduo vinda de uma Fonte situada além da descrição humana ou da medida material. Ela precisa ser descoberta, desenvolvida e demonstrada. Você pode ter acesso ao poder divino interior. E pode praticar a cura espiritual.

Se você decidir experimentar essa idéia de envolver conscientemente o fator espiritual na sua vida, você precisa se preparar. Você é o veículo, e é o diretor de uma Força espiritual que só pode ser descrita como um Poder Superior. É uma Inteligência universal e a Energia universal. Isso revolucionará a sua experiência. A transformação é feita através do desejo e do enfoque mental. O caminho consiste em repetições de certas técnicas e métodos. A autopercepção e a auto-realização como expressão de uma totalidade original repousa adormecida dentro de você.

Há certas práticas que julgo serem úteis para mim mesmo e para os meus alunos que vieram até mim para serem treinados no desdobramento espiritual e no processo do tratamento de cura. Este capítulo assentará o trabalho de base mental e descreverá alguns dos métodos que, a meu ver, são frutíferos. Cabe a você escolher ou adaptar quaisquer áreas que considere simpáticas à sua natureza. *Jamais* force a si mesmo a fazer alguma coisa que considere repulsiva, ou só porque algum amigo está tendo sucesso com ela. Você precisa encontrar o *seu* próprio caminho, e o encontrará se não ficar ansioso demais a respeito dele. Deixe que a sua intuição-entendimento o guie.

Este capítulo lhe dirá então como se preparar para fazer o tratamento espiritual. A atitude mental correta é essencial para o sucesso da cura. O tratamento espiritual é um processo individual; é diferente para cada pessoa. A cura não pode ser produzida em massa por meio de um ritual grupal. Você precisa trabalhar sobre si mesmo, com sua própria consciência. Atividades que podem ajudá-lo a atingir um estado de consciência claro, focalizado, relaxado, incluem a "Formação", para desenvolver um maior entendimento de onde você está na consciência e dos problemas que o estão aborrecendo, e meditação, para desobstruir e tranqüilizar a sua mente e permitir que o tratamento espiritual seja mais eficiente. Antes de ingressarmos nessas técnicas, há vários pontos que é preciso ter em mente quando você começar o seu trabalho de tratamento.

QUATRO CONVICÇÕES QUE VOCÊ PRECISA TER PARA FAZER UM TRATAMENTO EFICIENTE

Você precisa entender perfeitamente quatro coisas para realizar um tratamento espiritual eficiente. Considere-as com cuidado antes de começar o trabalho.

O homem é um ser espiritual

Essa afirmação responde à pergunta básica que os sábios, ao longo de todas as épocas, fizeram a si mesmos e aos seus discípulos, e pediram a estes para pensar a respeito. Essa pergunta é a seguinte: "Quem sou eu?" Você pode ter a primeira convicção de várias maneiras. Em primeiro lugar, você pode simplesmente perguntar a si mesmo "Quem sou eu?" enquanto está sentado tranqüilamente e deixando que os pensamentos venham a você, e apenas pense dessa maneira. Você também poderá fazê-lo de um modo mais estruturado, tendo atingido um ponto de entendimento e alguma convicção a respeito de uma Inteligência e de uma Mente universal que se expressam em toda parte. Você pode começar a responder a essa pergunta compreendendo que você vem de uma Inteligência universal, de um princípio, no universo, que se expressa como inteligência. Que se expressa através de você e está se expressando como inteligência. Você a reconhece por meio da sua consciência e da maneira como a sua consciência se manifesta através da inteligência em você. Às vezes, usamos nossa inteligência de maneira estúpida, ignorante, mas é ainda uma inteligência básica que estamos usando. Quando você usa a sua inteligência desse modo, você paga o preço, experimentando a doença e outros problemas, mas por meio da prática da cura espiritual você aprende, pelo menos às vezes, a fazer correções.

A primeira convicção está resumida na resposta à pergunta "Quem sou eu?" tanto no nível humano, físico e material, como no nível que poderíamos chamar de espiritual. Embora tudo seja espiritual, atingir esse nível espiritual é ter a percepção de que estamos todos dentro do Grande Espírito, ao qual pertencemos e a respeito do qual falamos no Capítulo 1 e ao longo de todo este manual.

A realidade é uma circunstância do ser

A realidade é tudo o que existe. A realidade é simplesmente a Presença e o Poder universais ou o princípio no universo que produziu o universo. É essa a realidade essencial. É o que eu chamo de realidade única, porque ela é, como a filosofia vedanta dos hinduístas afirma: "Una sem uma segunda." Desse modo, essa realidade única que é Una sem uma segunda está sempre em torno e no interior de você e de mim, o indivíduo ou a individualização, e é a compreensão básica de que não há duas mas uma — uma vida, perfeita, total, completa — expressada através do indivíduo. Não existe um princípio bom e um princípio mau, Deus lutando contra o mal. Há simplesmente Deus ou o Espírito ou a divina Vida una. Os demônios ou o demônio, e qualquer concepção de mal que nós ou outras pessoas poderíamos ter, são simplesmente o resultado da maneira como estamos lidando com a vida e com nós mesmos. Criamos os nossos demônios e os nossos problemas, as nossas dificuldades, todos eles vindos da confusão a respeito de quem somos, do que somos, de onde estamos e do que estamos fazendo enquanto ações da Vida Una.

As leis espirituais são parte da natureza; portanto, estão sempre em ação

Não se pode escapar das leis espirituais. Parafraseando a famosa expressão de Gertrud Stein, uma lei é uma lei é uma lei. É de um princípio que estamos falando, e princípios são eternos, são infinitos, sem começo nem fim. Sempre existiram e sempre existirão. São a natureza divina, e estão sempre operando. Expliquei isso no Capítulo 1. Porém, é importante compreender que o Grande Espírito ou Vida divina não vacila. Não é às vezes bom e às vezes não tão bom. Não opera mais para uma pessoa do que para outra. Cada indivíduo é sempre abraçado por essa divina Vida una, por esse Amor divino, por essa Onipresença — dê a ela o nome que você quiser — e ela é sempre a mesma para cada um de nós. É sempre a mesma em cada momento da nossa existência. Ela não vacila. Nós vacilamos, flutuando através do pensamento e do sentimento, da atitude e da ação.

Você sempre manifesta os estados da sua consciência

Devido ao fato de que recebemos a dádiva da consciência, que é a dádiva da vida, somos sempre uma consciência em ação e estamos sempre manifestando, demonstrando, exibindo ou anunciando o estado do nosso ser interior. Quer gostemos ou não, quer o saibamos ou não, quer o aceitemos ou não, essa é *a* verdade. A velha frase de efeito "O que você é fala tão alto que não consigo ouvir o que você diz" é uma verdade. Estamos sempre anunciando ou demonstrando o que somos, o nosso ser interior — isto é, os pensamentos e sentimentos que são a nossa consciência interior. Exteriormente, queremos nos apresentar como sendo encantadores, refinados, sensíveis e dotados de outras boas qualidades, mas internamente podemos estar cheios de raiva, de ressentimentos, de ódio, de um sentido de ganância, de avareza, de falsidade ou de ciúme, e isso se mostrará.

Estados de consciência constituem a realidade essencial do ser humano, e é isso o que se manifesta por meio da doença e da saúde, por meio de todos os altos e baixos da vida. Na verdade, eles criam os altos e baixos da vida.

Você não pode impor condições à cura espiritual

Você não pode impor condições ao tratamento de cura espiritual. Tentar definir como ela funcionará e quando funcionará retardará efetivamente o funcionamento do processo, impondo uma limitação a ele. Em vez disso, incluímos nas palavras que utilizamos para o tratamento uma afirmação segundo a qual ele já foi realizado. Por quê? Porque nesse nível da realidade ou verdade essenciais, você é uma idéia espiritual perfeita, incluindo toda idéia subsidiária que constitui todo o seu ser e o seu corpo. Se você pensar que o tratamento ou cura espiritual "será" realizado, você o manterá num estado de futuro e estará sempre procurando que a ação de cura se expresse.

O tratamento espiritual realiza apenas mudanças temporárias em algumas pessoas porque sua crença no mundo condicionado dos efeitos sobrepuja seu entendimento espiritual e a aceitação das idéias expressas no tratamento. É como se o tratamento não tivesse penetrado profundamente na sua consciência. Sua convicção está centralizada em outro lugar. A continuação do trabalho de tratamento é a única maneira de conseguir resultados permanentes. Cada tratamento de cura sucessivo dissolve uma parcela maior do bloqueio interior da crença, até que a luz da totalidade se manifeste.

Para ser bem-sucedido, você precisa manter o seu compromisso com o "conhecimento" ou tratamento espirituais, e continuar até que ocorra a demonstração e mesmo até depois que você sentiu a cura.

Lembre-se, você pode prosseguir sempre mais, e há sempre mais bens que você pode experimentar.

Você também precisa de uma boa compreensão da filosofia e da técnica do tratamento espiritual. Não perca tempo preocupando-se a respeito de quanto tempo demorará para você experimentar uma demonstração do bem ou de como a cura será realizada. Quando você trabalha "metafisicamente", não precisa especular a respeito das maneiras e meios de realização de uma idéia. Essa é uma operação normal desse processo de a Mente produzir dirigindo-se de uma idéia para a forma externa. Ela sempre encontrará as vias de acesso para a sua expressão. Esse entendimento remove a ansiedade a respeito de resultados e estabelece a confiança na lei criativa que está produzindo a ação correta.

Depois que você se trata, você sempre libera o tratamento e diz: "Assim é" ou "Está feito". Isto significa que você libera o tratamento para a grande Inteligência universal e em seguida o deixa em paz. Não comece a pensar sobre como as coisas irão ocorrer. Libere o tratamento para a lei e prossiga com os seus assuntos. Você fará novamente o tratamento mais tarde, ou o fará se um pensamento persistente começar a obrigá-lo a refocalizar o lado negativo. Se isso acontecer enquanto você estiver se tratando, pare e, então, recomece o processo de tratamento desde o princípio. O objetivo é obter um claro fluxo de pensamento e de sentimento que ascenda até um nível de consciência superior ao problema. Esse processo não deve ser interrompido por pensamentos ou por preocupações a respeito da condição humana. A essa altura, você precisa tratar-se novamente. No Capítulo 5, explicarei que tipo de palavras devem ser incorporadas ao tratamento para contrabalançar esse enfoque negativo.

DÊ-LHE TEMPO PARA FUNCIONAR

A razão pela qual o trabalho metafísico ou espiritual nem sempre se manifesta por meio do primeiro tratamento de cura é que estamos condicionados a achar que os efeitos são entidades substanciais e independentes. Lembre-se do Ato Cinco do Capítulo 1: O mundo das condições, o mundo físico, material, é um mundo de efeitos e de causas apenas *aparentes*. Por exemplo, a doença é um efeito e uma projeção de um estado de consciência errôneo. Ele confunde os efeitos de um sistema negativo de crenças com a causa primeira — isto é, com o princípio da criatividade, que produz efeitos. Além disso, aceita um estado de experiência que é uma negação ou inversão da causa primeira. Essa é a história da raça humana: perceber erroneamente o mundo dos efeitos, confundindo-o com a causa primeira, acreditando nele e o sustentando por meio de um estado de consciência.

Você precisa querer continuar o seu trabalho de cura espiritual até conseguir os resultados que almeja. Isso pode acontecer rapidamente ou pode levar semanas, meses ou até mesmo anos, dependendo do seu estado de consciência. Porém, nunca desista. Se você tiver um entendimento crescente e continuar a "trabalhar", terá sucesso. Na verdade, você precisa saber que não pode falhar.

A dúvida é inevitável; ela virá. Se você não tivesse dúvidas, manifestaria de imediato a experiência da cura. Se perceber que está duvidando do tratamento e do processo de cura, ou mesmo se tiver dúvidas de qual delas você está apenas vagamente ciente, não desista. Em vez disso, procure dissolver a dúvida num nível mental consciente e inconsciente. No Capítulo 5, darei a você palavras que você poderá usar no tratamento para eliminar dúvidas.

Atitudes mentais necessárias para o sucesso

Para ter sucesso com a cura espiritual, você precisa ter as atitudes mentais corretas para que o tratamento espiritual funcione. Pessoas que experimentam demonstrações imediatas, ou a cura após um tratamento, têm já a receptividade de consciência necessária. Essas demonstrações espontâneas, embora não sejam comuns, ocorrem. Tive várias experiências no meu trabalho ao longo dos anos. Eis um exemplo.

Certa vez, quando eu estava hospedado num hotel em San José, na Costa Rica, recebi uma visita no começo da noite de uma senhora que eu conhecia, e que vinha acompanhada de sua irmã. A mulher veio perguntar se eu podia ajudar sua irmã, que tinha uma doença assustadora. Ela caía em súbitos estados catatônicos durante ocasiões de tensão aguda, com freqüência quando seus filhos estavam por perto. Esses episódios, nos quais ela ficava totalmente paralisada e inconsciente do que se passava ao seu redor, vinham ocorrendo há bastante tempo. A irmã estava extremamente preocupada com ela.

Nessa noite, expliquei o nosso trabalho para essa jovem, com sua irmã atuando como tradutora. Embora ela não falasse inglês, e as idéias não tivessem ficado muito claras para ela, pude sentir que ela as estava "captando" quando tentei simplificar a nossa filosofia e o nosso método. O resultado final foi que eu disse que daria à irmã doente um tratamento de cura espiritual. Nossa sessão terminou, e foi tudo. Ela parecia espiritualmente elevada, e eu tive um forte sentimento de que tudo estava bem.

Algumas semanas depois, fiquei sabendo que pouco tempo depois do nosso encontro, essa senhora foi colocada numa situação que certamente teria causado o tipo de tensão que, conforme poderíamos esperar, a projetaria imediatamente num dos seus estados catatônicos. Aconteceu que certa noite o marido dessa mulher não voltou para casa. Ele se atrasou numa área rural pouco povoada e não pôde entrar em contato com ela. Quando finalmente chegou em casa no dia seguinte, entrou procurando freneticamente pela esposa, sem saber o que esperar. Encontrou-a no quintal, cantando enquanto pendurava roupas lavadas. Ela o cumprimentou perguntando: "Como você está, e onde esteve?" Ela havia sido curada, e até hoje nunca teve outro episódio catatônico.

Não obstante a ocorrência de curas instantâneas ocasionais, como esta, para a maioria das pessoas a cura espiritual leva tempo. Você precisa estar realmente querendo trabalhar no tratamento espiritual, fazer um compromisso de longo prazo com ele. Você *será* bem-sucedido se eliminar o pensamento de fracasso.

As seguintes atitudes mentais o ajudarão no seu trabalho.

Convicção

Para o tratamento espiritual funcionar, as palavras que você profere devem estar arraigadas na convicção — convicção a respeito de Deus ou do Grande Espírito e a respeito da lei e da sua operação. Sua convicção se processa gradativamente. Isto é, sua convicção cresce em resposta direta ao seu entendimento espiritual, que você obtém por meio do estudo da cura espiritual. Você poderá reler este livro, ou partes dele, com freqüência.

Esta exposição, um trabalho contínuo de tratamento espiritual e a revisão o ajudarão a atingir o estado de consciência que chamo de convicção. O mundo religioso dá a esse estado mental o nome de fé. É a fé que move as montanhas da negação que impõem obstáculos a você. Ela oblitera e dissolve os bloqueios interiores, e permite que o livre fluxo de idéias espirituais através de você seja efetuado no seu mundo como a criação de algo novo, maior e melhor do que qualquer coisa que tenha ocorrido antes. E isso nada tem que ver com dependência das condições humanas. Nada tem que ver com a idade. Nada tem que ver com toda a estrutura da crença humana. Tem que ver apenas com o entendimento e com o conhecimento espirituais.

O intelecto não pode realmente entender o tratamento espiritual porque ele funciona somente sobre fatos conhecidos e sobre a comunicação sensorial. A prova disso é encontrada no nível espiritual — e no nível físico, depois que uma coisa acontece. O tratamento é baseado em hipóteses espirituais — é intangível para o intelecto ou para os sentidos materiais, e, não obstante, seus resultados físicos podem ser vistos e são mensuráveis. A unicidade é o tema da existência.

Sua tarefa, enquanto estudioso da cura espiritual ou enquanto "médico" que trata de outra pessoa, é conhecer a verdade. A verdade que o torna livre.

Atitude positiva

Esteja aberto ao bem. Mantenha uma perspectiva positiva e entusiasta. Esteja preparado para descartar quaisquer influências destrutivas ou quaisquer circunstâncias negativas que se colocarem no caminho do seu crescimento pessoal e do seu bem-estar. Livre-se de toda concepção e de todo sentimento negativos a respeito da sua existência. Seu tratamento espiritual é capaz de dissolver todos os padrões interiores que negam o bem, o belo e o criativo. Elimine todos os resíduos que houver em sua consciência, de carência, perda e limitação. Desprenda-se do passado, com todos os seus padrões destrutivos de pensamento e de ação negativos. Saiba que você pode fazer isso e *está* fazendo.

Seja receptivo à idéia de viver como um filho do cosmos. Esteja disposto a ir em busca de novos desafios, de novas pessoas, de novas maneiras de pensar. Com paciência, você verá a ordem divina se manifestar no seu mundo através de uma nova clareza mental. Então você se sentirá renovado em força, em bem-estar e em serenidade. Essas idéias são expressas e desenvolvidas no meu livro *The Ten Demandments of Prosperity* (publicado em 1986 pela Perigee Books).

Quando estiver fazendo um tratamento espiritual, é importante manter uma atitude de afirmação da vida, estar aberto ao novo, ao maior e ao melhor. Ao atuar em harmonia com a lei criativa da mente, você afirma que a ação correta e a ordem divina estão agora tomando lugar em sua experiência. Você tem o direito de escolher a meta, a qualidade ou o estilo de sua vida. Porém, deixe sempre as portas plenamente abertas para o ingresso de algo melhor ou mais satisfatório para a sua experiência. Você não arquiteta nem tenta forçar a lei criativa da mente para que ela produza exatamente o que quer. Há uma possibilidade mais ampla na vida, e você a reconhece e a aceita.

De modo semelhante, com sua família e com seus amigos próximos, você não quer impor a sua vontade a eles. Quando os vê lutando com um problema, você talvez queira transmitir um pensamento ou idéia encorajadores. Talvez você pudesse mesmo dar um passo além e perguntar se eles gostariam que você fizesse um tratamento espiritual para eles. Se a resposta deles for afirmativa, então você tem a obrigação de fazer esse trabalho mental e espiritual uma vez, duas vezes ou diariamente, durante qualquer período que você decida. Talvez você possa prosseguir durante um mês ou mais, até que o seu objetivo seja obtido ou demonstrado.

No entanto, é absolutamente essencial ter em mente que você nunca deve infringir o livre-arbítrio das outras pessoas. É por isso que você sempre pergunta se a pessoa quer que você faça o tratamento espiritual. Quando você empreende o trabalho, é uma questão de ajustar a lei da mente para que ela opere numa direção em particular. Não há coerção, não há pressão. Trata-se de fazer uma escolha e de liberá-la para a Criatividade universal a fim de que esta a produza em forma concreta.

Fique atento à carência, à perda, à limitação e à resistência, à rejeição e à rebelião, que descrevi no Capítulo 2*. O mundo está discutindo conosco, e está apresentando imagens horríveis de carência, de perda e de limitação que penso serem tão importantes para se manipular e com as quais se deve trabalhar no tratamento. Fique atento à sua resistência ao bem, resistência ao Espírito, à sua resistência ao ensinamento, à sua resistência à vida. Fique atento à rejeição. Você po-

* Ver páginas 81 a 84.

de rejeitar o bem porque, às vezes, quando você se move para a frente no bem, você precisa desistir de certas velhas concepções, experiências e expressões — pessoas, lugares, coisas, situações, eventos. Internamente, você não quer desistir delas, não quer liberá-las. Não quer se mover para a frente mas, em vez disso, quer permanecer no conforto dos seus cobertores de segurança. A rebelião é esse tipo de obstinação dentro da pessoa que está lutando perpetuamente contra esse movimento para a frente. Ela se rebela contra o fato de ter de trabalhar, ter de se livrar do velho, ter de abraçar a nova idéia para atingir o novo, o maior e o melhor.

Procure manter simples o seu tratamento e tão espontâneo quanto possível. Você precisa observar a sua mente, observar a sua imaginação. Sua imaginação ajuda a determinar a causa do futuro. Observe onde você está focalizado. Lembre-se de sempre manter uma atitude positiva; não seja apanhado pela corrente de consciência negativa. Mantenha clara a sua consciência — você precisa olhar para dentro de si mesmo a fim de obter respostas e cura permanente. Mais adiante neste capítulo, falarei mais sobre a desobstrução da sua consciência.

Uma conexão consciente com o Uno

Lembre-se de que, para que a cura aconteça, você precisa estar conscientemente ciente da sua ligação com a Mente universal, com o Uno, e da sua participação na vida e na lei do universo. Cada uma das nossas vidas individuais expressa a vida e a lei. O sentimento de unicidade é essencial para que o tratamento espiritual seja eficiente.

A aceitação da sua dignidade e da sua indignidade como uma expressão da idéia universal do homem é um elemento básico na demonstração do poder da cura. Um elemento essencial do tratamento espiritual consiste em aceitar isso a respeito de si mesmo. Se estiver tratando de outra pessoa, você precisa convencê-la. Cada um de nós é bom, digno; *toda pessoa merece ser curada*.

O tratamento espiritual destina-se ao propósito de obter uma realização da perfeita base e do perfeito ser espirituais subjacentes ao indivíduo. Para que a cura ocorra, sua consciência precisa desdobrar-se e desenvolver a idéia espiritual de si mesma como perfeita, total e completa. Você precisa vir a acreditar totalmente que essa é a sua realidade subjacente, mesmo que externamente você esteja doente ou vivenciando problemas.

Por intermédio do seu crescente entendimento espiritual, você se unifica com o Uno. Você precisa começar a reconhecer e a conceber a totalidade como o princípio vital que se move através de toda a vida, inclusive de você mesmo. O seu tratamento conterá palavras tais como: "Há uma só vida, e a minha vida é a expressão dessa vida agora." Quando você pronuncia a sua palavra no tratamento, você reconhece a sua participação consciente na lei do ser (o processo criativo) que está sempre em ação. Discutiremos isso mais amplamente no Capítulo 5.

Você precisa cooperar com a ação criativa que está trabalhando através de você. Ela sempre está em ação. Você pode pensar que nada está acontecendo porque ainda não viu a experiência exterior. Mas ela está em ação.

Algum tempo atrás, eu estava cultivando uma bela orquídea. Fiz tudo o que se recomenda que deva ser feito, fornecendo à planta soluções especiais de fertilizante, regando-a quando se recomenda que deva ser regada. E houve crescimento. Pensei ter visto áreas que poderiam ser os botões das flores, mas não tinha certeza. Semana após semana, nada parecia acontecer. Vi esses pequenos botões aparentes, mas estava muito pouco impressionado.

Esse tipo de planta em particular necessita de irrigação apenas a cada duas semanas. Eu fiz a irrigação e tive de me afastar por duas semanas. Se tivesse apenas julgado a planta com base no que aconteceu antes que eu me afastasse, eu diria: "Bem, tenho algumas plantas que são uma droga. Não trabalham, não funcionam. Estou fazendo algo errado ou então elas são plantas muito más." No entanto, eu me afastei da planta sabendo que uma lei criativa estava se movendo através dela. Quando voltei, duas semanas depois, havia botões grandes e havia flores. Em duas semanas, tudo isso aconteceu.

Muitos de nós julgam a si mesmos do mesmo modo como eu estava julgando essa planta antes de me afastar dela. Você pensa que nada está acontecendo com você, que você nada sente de diferente, que não consegue trabalhar consigo mesmo espiritualmente. Mas é uma questão de dar a si mesmo uma oportunidade, de trabalhar com o "trabalho" e de continuar a trabalhar com ele. Você precisa dar a si mesmo uma oportunidade, e dar ao tratamento espiritual uma oportunidade de operar.

Quando você faz um tratamento, não pense que está apenas contemplando alguns pensamentos impotentes e aleatórios. Reconheça que você está raciocinando por intermédio de uma idéia que tem dentro de si tudo o que é necessário para a sua realização. A idéia transporta dentro de si a capacidade para a plena auto-expressão, para a plena auto-realização ou para a manifestação, se a deixarem agir.

Lembre-se de que a idéia ou o propósito ou o desejo da sua escolha é o protótipo, o protótipo espiritual, que é uma idéia nuclear. O tratamento espiritual estabelece o seu protótipo na consciência. Então, a sua consciência opera como lei criativa, expressando a Mente universal em você, e desenvolvendo esse núcleo na forma da coisa que você quer. É importante ser claro a respeito de tudo isso; então, a sua tendência para duvidar será grandemente diminuída. A dúvida surge quando você, cegamente, se agarra a alguma coisa porque eu o disse neste manual ou porque você leu isso em algum outro lugar ou se prendeu a uma afirmação agradável que você utiliza como um amuleto mágico.

Aquilo de que você precisa não é essa crença cega, mas o entendimento espiritual que confere confiança e que permite que você tenha alguma certeza, uma certa segurança de que é assim mesmo! Você sente que está em ação não porque você está fazendo algo, mas sim porque a natureza, a lei, a Mente universal, o Absoluto, está criando e trabalhando sobre isso.

Lembre-se também de que o Infinito não está interessado nas suas dificuldades. O Espírito universal não conhece as suas dificuldades e não pode estar interessado nelas. Ele só pode conhecer a você como um ele mesmo individualizado, como seu próprio ser em expressão, e portanto total, perfeito e completo. Como aprendemos no Capítulo 1, a cura espiritual funciona com base no fato de que a criação é perenemente ordenada — perfeita, total e completa; que o homem é a criação — a criação ativa, e o observador da criação e aquele que sente a força criativa que é o Grande Espírito na ação perfeita. Não nos limitamos e ficamos envolvidos na experiência relativa do mundo do tempo, das datas e da idade. Você diz comigo: "Eu amadureço de acordo com o padrão do jovem." Isso não significa infantilidade. "De acordo com o padrão do jovem" significa que estamos cheios de energia, de vitalidade, de visão do que está à nossa frente, e de vida criativa, de vida que busca através de todo um mundo vivo.

As pessoas estão encaixadas em estados de experiência por meio de sua consciência. O que você precisa compreender é que você é mais do que essa experiência. Você é aberto, livre, plenamente receptivo à ação ilimitada da vida, da mente. Ela se expressa através de você durante todo o tempo. Lembre-se de que a doença não é uma necessidade, de que a totalidade e a saúde são o normal e de que a ação correta e a ordem divina constituem a base fundamental da vida.

O conhecimento de si mesmo

Você precisa saber quem você é e o que você é para ser capaz de tornar eficiente o tratamento espiritual. Você precisa saber o que você é enquanto ser espiritual, assim como precisa estar autoconsciente como ser humano, como um indivíduo dotado de certa capacidade ou talento.

Prossiga no estudo da cura espiritual e você verá que é condicionado, por certas palavras e concepções óbvias, a pensar que elas são espirituais. Porém, na realidade, tudo é espiritual. Você precisa ver com uma nova visão e com uma nova percepção da vida; vivenciar o entendimento espiritual de modo a poder expressá-lo em cada aspecto e dimensão da sua vida.

Se você puder começar a entender a sua individualidade espiritual, a conhecer a si mesmo a partir de uma elevada altitude de pensamento, você poderá começar a apagar os padrões internos que produzem a carência, a perda e a limitação. No tratamento espiritual, não é o que você diz mas o que você é na consciência e como você age que produzem resultados na sua vida.

Seriedade

Você precisa ser sério a respeito do trabalho de cura espiritual; você não pode ser superficial a esse respeito. Precisa estar disposto a estudar, a desenvolver a qualidade do entendimento que lhe permite acreditar nele e aceitá-lo, não cegamente, mas por meio do crescimento e do desenvolvimento espirituais. O trabalho mental exige um investimento do seu tempo e da sua energia, assim como o condicionamento físico também o faz. No entanto, os temores podem ser amigos porque podem fazer com que você melhore a si mesmo, cresça e se desenvolva. Por isso, não maldiga nem lamente seja o que for. Deixe isso em paz, e use-o como um degrau numa escada para o seu desenvolvimento ulterior, para o seu entendimento e a sua clareza mental.

Sentimento

Embora a cura espiritual comece como um processo mental que acontece na consciência, ela não deixa de ser acompanhada pelo sentimento. De fato, o sentimento é uma parte importante do processo de cura. Gosto de dizer que o sentimento é o combustível que energiza o tratamento espiritual.

Você desenvolve o sentimento para o tratamento entendendo o Poder Superior que está em ação na sua vida. O sentimento é desenvolvido posteriormente adquirindo-se uma convicção por meio do entendimento intelectual da cura espiritual. Ler este manual o ajudará a captar o sentimento. Pôr o método em prática lhe permitirá atingir o poder.

Simpatia e compaixão

A simpatia e a compaixão constituem parte do fundamento de uma vida espiritual. Tenha simpatia e compaixão pela pessoa para quem você está fazendo um tratamento (seja ela você mesmo ou outra pessoa), mas não pelo problema. Não se perca numa análise da situação. Então, você procura por desculpas ou por motivos para o fato de ter o problema. Alguns exemplos são o de que seus pais abusaram de você, ou que você é apenas infeliz, ou que sempre foi fraco. Você não consegue simpatizar com as razões que há por trás do motivo pelo qual um problema existe. Mantenha a consciência desanuviada de problemas. Somente então você estará num estado de preparação para a verdade, que resulta em realização espiritual e mudança física.

O SEU PAPEL NO PROCESSO DE CURA ESPIRITUAL

Seu papel na cura espiritual (e na de toda a vida) é, antes de mais nada, o de levar em consideração todos os fatos. Não ignore nada. Converta todos os fatos em estados ou padrões de consciência ou de pensamento. Negue quaisquer negações do bem que existe na sua consciência, venham elas da sua própria vida, de sugestões negativas dadas por outras pessoas ou do inconsciente coletivo. É importante incluir palavras em cada tratamento que negue quaisquer negações que você sinta que existem dentro de você. No Capítulo 5, você encontrará as palavras que poderá utilizar. Deixe que esse entendimento espiritual assuma o controle da sua consciência. Finalmente, demonstre gratidão pela totalidade que a vida é em si mesma.

Lembre-se, o trabalho de tratamento que você fizer o aperfeiçoará durante o tempo todo. Fará com que você seja mais você mesmo. Você individualizará a Vida Una, e o seu eu individual se expressará de uma maneira maior e melhor durante o tempo todo por meio do seu trabalho espiritual regular. Seu uso pessoal do poder impessoal é a sua originalidade. Somos todos originais e, à medida que começarmos a estar mais e mais cientes de quem e do que nós somos na vida, e à medida que usarmos a nós mesmos adequadamente, nos tornaremos mais e mais originais, conhecendo mais da nossa individualidade única. É nosso direito divino, nosso direito humano, nosso direito como individualizações da Grande Vida Una. O tratamento sempre torna você mais você mesmo, mais único, mais o seu eu especial. O tratamento dissolve as distorções ou a névoa da crença materialista, da opinião materialista e da desilusão, e deixa a pura luz da vida fluir através de você e se expressar pelo seu intermédio.

O que você precisa fazer quando está tentando resolver um problema é estar certo de que continua o seu estudo das idéias expressas neste livro. É isso o que vai mantê-lo funcionando e estimulado de modo que você possa realizar o trabalho de tratamento espiritual a cada dia com inspiração e entusiasmo, até esse momento de avanço revolucionário em que os problemas externos se dissolvem e a totalidade é revelada. Essa é a sua demonstração do bem.

Às vezes, os meus alunos querem saber se o trabalho de tratamento espiritual causará algum mal-estar quando o realizarem, pois se trata de uma experiência nova para eles. Não há dúvida de que esse é um período de ajuste; tudo isso realmente o abala até os alicerces e coisas interessantes começam a acontecer. Você prossegue com o trabalho e, subitamente, percebe que alguns velhos amigos e várias outras pessoas que estiveram ligadas à sua vida se afastam. Ou então você rompe com certas pessoas porque percebe que não pode viver a nova vida que está vivendo e ter essas pessoas no seu mundo, porque elas são muito negativas, muito importunas e, com freqüência, perniciosas. Há algumas pessoas que começarão a discutir e a brigar com você porque estão ressentidas com a mudança; elas percebem a sua mudança e o seu crescimento, porém elas mesmas não mudam nem crescem. Alguma coisa nelas se ressente disso, com freqüência num nível subconsciente, de modo que o ressentimento irrompe em disputas ou em verdadeiros abusos ou ataques verbais. Se você encontrar uma pessoa em sua vida que começa a se ressentir com você à medida que você cresce nesse trabalho, você não deve deixar que ela o dissuada ou o faça sentir-se mal a respeito de si mesmo. Confie-as ao seu bem maior e esqueça.

Porém, nunca deixe que a raiva ou o seu próprio ressentimento diante da atitude delas se desenvolvam dentro de você. Quaisquer emoções negativas podem ser cortadas pela raiz quando você compreende e estabelece para si mesmo algo como o seguinte: Se elas conhecessem mais, elas fariam melhor. Porém, uma vez que elas não conhecem melhor, não podem fazer melhor, e portanto eu as entrego ao seu nível de ignorância e libero a mim mesmo ao meu nível de entendimento crescente. Eu envio paz, amor e boa vontade para todos.

Sem medos, sem pesares

Muitas pessoas são fustigadas por medos e dúvidas — a respeito de si mesmas, a respeito de sua capacidade para serem bem-sucedidas, a respeito da própria cura espiritual. Os temores óbvios precisam ser tratados de maneira específica e definida, e isso pode ser feito por meio do seu trabalho de cura pessoal diário. Na psicologia, os medos são explicados; na terapia, são trabalhados e solucionados pela percepção e, com freqüência, dissolvidos. No trabalho metafísico como o nosso, os medos são tratados e curados por meio de um processo semelhante mas diferente. Muitas pessoas, no decorrer dos anos, vieram a mim dizendo que fizeram muitos anos de psicoterapia ou de análise, que pareciam tê-las deixado sem solução. Quando adotaram este método de cura espiritual, depois que estudaram esse processo e trabalharam com ele, a meta da terapia foi atingida. Elas eram liberadas e desligadas dos seus bloqueios mentais e emocionais. Com freqüência, elas dizem: "Se eu pelo menos tivesse feito esse estudo antes." Se é essa a sua situação, não diga "se eu pelo menos", lamentando o tempo gasto em terapia. Pois assim, todas as dúvidas e culpas começam a ingressar de novo em sua mente. Em vez disso, olhe para a sua terapia passada como uma preparação para o trabalho de cura espiritual. Ela o preparou para esse estudo. Se você não tivesse feito a terapia, talvez nem mesmo estaria ciente deste trabalho nem seria capaz de entendê-lo ou de aceitá-lo. Portanto, não lamente o seu passado ou a terapia. Em vez disso, seja alegre na antecipação do seu novo futuro.

O DESENVOLVIMENTO DE BONS HÁBITOS DE VIDA

A cura espiritual pode mudar a sua vida, mas você não pode esperar que ela funcione quando você abusa do seu corpo e da sua mente devido a hábitos de vida precários. Para obter o máximo do seu trabalho espiritual, você precisa, antes de mais nada, organizar sua vida de modo que possa dispor de repouso, de sono e de exercícios em abundância. Adote uma dieta sensata, profusa e variada, com ênfase numa alimentação adequada. Vista-se com roupas atraentes e apropriadas. Decore e mobilie o ambiente em que vive de maneira confortável e cativante, de acordo com o seu gosto.

A esta altura, você poderia dizer: "Oh, realmente eu não tenho tempo para montar o meu apartamento." De fato, conheci um homem assim. Ele dispunha de meios adequados e tinha condições de mobiliar seu apartamento com esmero. Porém, depois de três anos, tinha adquirido apenas o mínimo essencial — uma cama, uma cadeira, um guarda-roupa — e isso para todo o apartamento. Não havia mesa, e suponho que ele comesse na cozinha, de pé.

Esse comportamento cheira a autonegação, o oposto do cuidado consigo mesmo, que contrabalança a tensão. Como poderia esse homem estar relaxado? Certamente não havia lugar em que ele pudesse sentir um verdadeiro conforto e bem-estar na vida.

É importante cuidar do próprio corpo, mas você não deve negligenciar as atitudes saudáveis da mente. Consciência é o que você é, e tudo o que você experimenta é resultado da sua consciência. As idéias são as suas propriedades mais inestimáveis. Como expliquei ao longo deste manual, coisas e experiências são o resultado de idéias, a idéia precede a coisa, a situação ou o evento. A saúde é a idéia da totalidade na Mente universal ou na Inteligência criativa.

Reserve um tempo para o trabalho espiritual diário

A prática é essencial para se conseguir excelência na cura espiritual, como o é em qualquer disciplina. Um atleta olímpico precisa treinar e se esforçar diariamente apenas para se manter em forma. Um magnífico grande piano para concerto Steinway precisa ser afinado depois de cada *performance*. Uma Ferrari ou uma Maserati, ou outro carro de corrida sofisticado, requer mais manutenção e assistência técnica do que um modelo para o trabalho diário, que é usado somente para o transporte. Um belo jardim cheio de flores precisa ser constantemente observado e cuidado para que as ervas daninhas não interfiram com as flores à medida que elas crescem.

É o que acontece com a sua consciência. Você precisa trabalhar com a sua consciência para manter a percepção da totalidade, da harmonia, da saúde e da bondade na boa ordem de trabalho. Isto significa realizar a cada dia o seu tratamento espiritual e reservar tempo para se preparar para ele de modo que possa obter eficiência máxima.

Reserve um tempo para si mesmo. Reserve um tempo para penetrar num lado mais escuro da sua natureza e do seu ser. Esta é uma época no desenvolvimento e no desdobramento da humanidade em que há muita competição pelo tempo. Quanto tempo realmente temos para dar a nós mesmos?

Você precisa ter um compromisso com o estudo, com o conhecimento e com o tratamento espiritual. Você precisa reservar um certo tempo a cada dia para a continuidade do trabalho de tratamento, mesmo que seja apenas um breve período.

Reserve um tempo para ficar sossegado, para ficar tranqüilo e em meditação. A única maneira de atingir um sentido do impulso inconsciente é reservar tempo para permanecer sossegado, tranqüilo e em meditação — e para escutar essa voz interior. Você pode ler um livro de conteúdo espiritual ou algo semelhante que você julgue de interesse, talvez examinando as escrituras do mundo. Então, leia com cuidado, relacionando as idéias com você mesmo. Reserve tempo para praticar a meditação e a "Formação", que descreverei posteriormente neste capítulo. Faça o seu tratamento de cura espiritual com regularidade.

É preciso reservar tempo a cada dia para o seu trabalho espiritual. Quanto tempo você gasta efetivamente consigo mesmo, sem dedicá-lo à televisão ou ao aparelho de VCR? Sem um rádio ou toca-fitas? Você tem tempo para fazer exercícios, para fazer compras, para caminhar, para fazer visitas. Mas com que freqüência você se senta sozinho e tranqüilo, pensando, revendo, meditando?

Crie tempo para si mesmo. Deixe que seus pensamentos, sentimentos, idéias e sonhos fluam através de você. Esteja ciente deles. Anote-os. Observe também os seus medos e fantasias. Por quê? Porque você é mente e emoção. Seus pensamentos e sentimentos interiores se expressam eventualmente como ação e como experiência físicas.

Quando você reverte cada pensamento ou sentimento negativos e os transmuta mentalmente numa idéia afirmadora da vida, numa idéia construtiva, você está dissolvendo os bloqueios na consciência que o frustrariam. Isso permite que uma ação de cura natural e normal flua através de você.

O tratamento deveria sempre ser vigoroso, como se fosse pronunciado pela primeira vez. Como você se mantém num estado de consciência que permite isso? Apoiando a si mesmo por meio da meditação a respeito das verdades essenciais do ser e tentando perceber sempre mais. Estude antes de realizar o tratamento espiritual de cada dia, mesmo que seja apenas durante um breve período. Você obterá uma visão ligeiramente diferente. Tente colocar o que você estuda em suas próprias palavras, a fim de torná-lo mais significativo para você.

Como qualquer arte, a cura espiritual exige disciplina e perseverança. Como o músico que ensaia uma peça musical, você realiza repetidas vezes o tratamento espiritual, retrabalhando-o até que comece a ficar realmente afiado. Agora estou caminhando na direção certa, você pensará. Oh! Agora eu estou conseguindo. O tratamento espiritual não é fácil; exige determinação, disciplina, resolução e energia aplicadas ao seu estudo e ao seu trabalho sobre si mesmo.

Discernimento diário

O discernimento espiritual diário o ajuda a atingir ou a reter uma perspectiva adequada a respeito da vida e aguça a clareza do seu pensamento. Esse discernimento diário é uma disciplina. Você não pode viver a vida sem disciplina. A vida indisciplinada não é apenas uma vida; é uma espécie de anarquia moral. É uma vida sem padrões ou construção sólida. É uma vida sem uma infra-estrutura espiritual que possa mantê-la caminhando para a frente, de maneira bem-direcionada, de modo que realize seus propósitos. Uma vida sem disciplina é realmente uma vida vazia. Quando penso em discernimento diário, penso na disciplina do pensamento correto ou positivo. É um sentimento cultivado que traz consigo uma correção para as vontades e para as aflições humanas. Significa examinar a sua experiência, cultivando o seu pensamento durante todo um dia. Por "cultivado" ou "cultivando" entendo uma combinação de percepção com a criação de concepções e de pensamentos na sua mente. Isso significa transformar o seu pensamento e o seu sentimento por meio da auto-observação e do crescente entendimento de quem e do que você realmente é. Por exemplo, ao olhar no espelho do relacionamento, você pode ver a qualidade e o estado da sua consciência.

Apenas durante este dia, tente estar alerta, estar ciente, estar desperto para a sua natureza. O discernimento diário destina-se a encontrar um poder de sustentação na sua vida para apoiar o inventário que você faz a cada dia. Esta é uma ocasião em que você pensa a respeito das suas ações, dos seus relacionamentos, dos seus sentimentos, das suas atitudes, das suas experiências, momento a momento. Ao fazê-lo, eles são revelados a você, e você adquire um entendimento mais claro acerca do que acontece na sua vida. Quando o seu entendimento cresce, você ingressa numa experiência na qual se torna o agente da cura. Aonde quer que você vá, você é um experimentador em ação. Você está vivenciando um mundo interior, um mundo interior de crescente clareza. Durante todo um dia você expressa e manifesta isso para aqueles que constituem o seu círculo pessoal — amigos, parentes, colegas de trabalho e qualquer pessoa que poderia estar envolvida no seu mundo e nos interesses da sua vida.

Você precisa fazer a si mesmo algumas perguntas: "Qual é a tendência da minha vida? Ela está ficando um pouco melhor? Está ficando um pouco mais clara? Estou ficando um pouco mais centrado em mim mesmo? Sou mais capaz de enfrentar os desafios com que me deparo momento a momento? Há uma espécie de ação crescente e aprimoradora ocorrendo na minha experiência?"

Quando você realiza o seu trabalho espiritual diário, você começa a observar a si mesmo e a "ouvir" o que você está dizendo. Você começa a escutar a si mesmo, a ser mais autoconsciente. A pessoa que se auto-observa é a pessoa que sai da esfera da máquina, que deixa de ser um autômato, um robô, e começa a ser uma pessoa que vive sob a auto-escolha, a decisão e a clareza. Isto se torna um movimento para a frente na sua vida. De fato, a cada dia, você precisa enfrentar o que você está dizendo, o que está fazendo, como está se relacionando, o que está acontecendo na sua experiência. Por exemplo, você está racionalizando a inveja quando diz: "Ora, eu tenho um equipamento melhor, tenho um treinamento melhor, tenho uma experiência melhor. Eu é que deveria ter recebido essa promoção, e não fulano."

No trabalho de cura espiritual, o aprendizado a respeito do princípio impessoal que existe, que está ao nosso redor e no nosso íntimo, nós reconhecemos que nos regozijamos e que de fato devemos nos regozijar no bem. Dizemos "Isso não é maravilhoso?" quando alguma coisa boa acontece com um colega ou com alguém que parece um competidor. O que acontece na consciência e na experiência de uma pessoa que está fluindo com a vida é realmente maravilhoso. Como também é maravilhoso o fato de que o princípio da criatividade, o princípio da ação correta, o princípio da justiça divina, esteja operando através dessa pessoa! E você sabe que o mesmo princípio opera sobre você, com você e dentro de você. E através de você e para você. E aquilo que é correto para você está acontecendo, assim como está acontecendo aquilo que é correto para outra pessoa. E você louvará isso!

Nossa meta é atingir o ponto em que estamos vivendo com as idéias de totalidade, de saúde e de harmonia durante o tempo todo. Quando você está impregnado com a idéia, quando vive com ela, se deixar um dia de fazer o tratamento, se deixar um dia de abrir e ler este manual, isso não o afetará, em absoluto. Ele já está em você trabalhando, o fluxo está lá, o ritmo está lá, a música está tocando. As harmonias espirituais estão soando altas e claras em você, e você está ciente disso. Você não precisa ler todos os dias, mas sim, chegar a esse ponto — essa é a grande questão. Quando você está nesse ponto?

A única maneira de você saber é por um caminho prático. Se você não ler, se não fizer o seu trabalho de tratamento, então o que será? Como foi o seu dia? Qual foi a qualidade dos seus relacionamentos? É por isso que eu aconselho a todos — e faço isso comigo mesmo — a passar algum tempo a cada dia em tranqüilidade ou meditando sobre essas idéias.

Recomendo que você não desista de se sentar tranqüilamente e de realizar o tratamento espiritual e o estudo, mas prossiga com isso ao longo da sua vida. Pode chegar uma ocasião — na verdade, provavelmente chegará — em que você atingirá essa profundidade de entendimento e essa altura de percepção graças à qual, se você, num certo dia, por qualquer motivo, não tratar, não ler ou não estudar, você, mesmo assim, estará perfeitamente bem. Porém, depois de estar durante quase sessenta anos envolvido com o trabalho espiritual, continuo diariamente a dedicar tempo ao cuidado espiritual de mim próprio. Mesmo quando estou pressionado e envolvido por muitas responsabilidades, não posso deixar de, no mínimo, fazer o meu tratamento espiritual diário. Mas faço um grande esforço para dedicar algum tempo ao estudo espiritual de apoio.

A primeira coisa que faço é saber que a Presença universal, a Mente universal ao meu redor, dentro de mim, movendo-se através de mim como eu mesmo, é o que eu sou. A Presença universal em mim, enquanto eu mesmo, sou eu. Esse é o meu primeiro pensamento. Nesse momento, sou purificado. Sendo purificado nesse momento, posso então seguir o meu caminho e realizar minhas outras atividades. Já reforcei, por assim dizer, minhas pernas espirituais. Não vou me sentir abalado pelos ventos e pelas ondas do mundo. Agora, se eu tiver uma oportunidade, e isso num dia em que estou, por qualquer motivo, pressionado por muitas obrigações diferentes, então pelo menos apanharei um livro e lerei algo, e dedicarei um pouco de tempo para pensar a respeito dele. É importante manter esse equilíbrio espiritual ao longo da disciplina espiritual.

Tente começar cada dia com um tempo de tranqüilidade para a "Formação" e a meditação, que descreverei nas seções seguintes. Faça o tratamento espiritual pelo menos uma vez a cada dia. Estude, medite e obtenha uma sensação maior do seu estado de sintonia com o Grande Espírito. O que você é, é o que é. Você é sustentado e apoiado pelo Divino. Seu corpo físico é realmente um conjunto complexo das suas idéias espirituais. Seu coração é o coração de Deus, sua mente é a mente de Deus.

Faço tratamentos muitas vezes durante o dia. Porém, sugiro que você faça o trabalho de tratamento de manhã, e algum trabalho de tratamento à noite. O melhor é fazer isso antes de ir se deitar, a não ser que isso o excite e interfira no seu sono. Porém, tente fazê-lo alguma vez de manhã. Na verdade, você poderá fazer um tratamento de manhã para um assunto ou aspecto da sua vida, e em seguida o seu tratamento noturno poderia ser para algo totalmente diferente. Você está trabalhando em dois assuntos separados. Você poderá fazer um tratamento para o seu desenvolvimento espiritual, para a sua paz e a sua tranqüilidade, para a sua capacidade de obter uma percepção cada vez mais profunda da idéia espiritual de você e da vida de você mesmo ou de outra pessoa. Você pode fazer um tratamento para o crescimento espiritual, e não apenas por uma vida feliz, ou por uma vida saudável, ou por uma vida de amor e de auto-expressão.

Seja paciente e persistente. O tratamento de cura espiritual, com freqüência, produz uma mudança temporária porque a crença de uma pessoa no mundo condicionado dos efeitos sobrepuja o entendimento e a aceitação espirituais dessa pessoa. É como se o tratamento não tivesse penetrado profundamente na consciência. Cada tratamento sucessivo dissolve uma parcela maior do bloqueio interior de crenças, até que a luz da totalidade é revelada. Eis por que é importante reservar um tempo para fazer o trabalho espiritual todos os dias.

Lembre-se, o tratamento espiritual exige compromisso. Você precisa trabalhar realmente nele ou não mudará nada.

MEDITAÇÃO

Você precisa de concentração para realizar o tratamento espiritual. A concentração pode ser descrita como o estado mental que mantém uma direção consciente do pensamento rumo a um objetivo. Ela dirige a energia que tomará a forma de qualquer objetivo. É estar atento ao núcleo espiritual que você iniciou com uma expectativa de bons resultados.

A concentração correta nunca é um esforço cansativo que tenta criar algo. Ela centraliza o pensamento nas qualidades da forma potencial. A ação interna criativa da lei produzirá a forma exata exigida para a realização dessas idéias. Uma vez que as circunstâncias corretas forem criadas por essa lei, não é necessário ansiedade a respeito do resultado de um tratamento.

Uma maneira de desenvolver os seus poderes de concentração é praticar a meditação para purificar a mente. A meditação pode ser uma ferramenta útil na preparação de uma pessoa para o tratamento espiritual. A meditação e o trabalho mental ajudam a nos colocar num estado de clareza e de relaxamento que nos permite focalizar aquilo que estamos fazendo, e mais facilmente obter o estado expandido de consciência necessário para a cura espiritual.

A meditação tranqüila pode estimular o seu subconsciente, encorajando impulsos intuitivos. Esses podem dar a você novas idéias e revelar idéias insuspeitadas relacionadas com os seus planos e objetivos. Você também pode antecipar as necessidades de outras pessoas, de modo a poder oferecer-lhes assistência antes mesmo que essa seja solicitada ou esperada.

Para a cura espiritual, você precisa de uma percepção consciente de quem você é e do que você é enquanto filho do universo. Você precisa obter um sentimento cada vez maior e melhor do seu contato com aquilo que é a realidade, que é tudo o que existe. Essa percepção crescente é a sua capacidade para crescer em clareza mental. A meditação e a prece são as maneiras de se atingir essa percepção.

Há maneiras tradicionais de ficar tranqüilo, de ficar calmo e de tentar saber que existe um Absoluto, uma Inteligência universal, um Grande Espírito, ao seu redor e dentro de você. Que existe um lugar muito especial, muito profundo em você, para onde você pode se retirar e onde você pode repousar e ficar tranqüilo. Essa é a igreja, essa é a única igreja que realmente existe, *em você*, na caverna do coração, como está descrito nas escrituras hinduístas. Isso é igreja. Essa é a casa da adoração. Esse é o lugar secreto do Altíssimo. Podemos ir à igreja exterior, à sinagoga, ao templo, a um edifício físico, para orientação, para culto ou para pedir ajuda. Mas, no final, precisamos ir para dentro de nós mesmos, para onde está a verdade. Na meditação, destinamos certo tempo para estar atentos com relação a essa verdade, para realmente estarmos tranqüilos e para conhecer.

Expliquei no Capítulo 3 que a meditação é o pensamento a respeito de uma idéia, a contemplação tranqüila de uma idéia. A meditação sobre idéias metafísicas abstratas ou sobre o Absoluto gera uma energia renovadora. Quando você medita sobre idéias abstratas, e não sobre as vias de acesso específicas da expressão, você se afasta do mundo limitado e condicionado da experiência. Isso implica numa forma de tratamento espiritual e é o caminho para dar direção à intuição.

A meditação pode ajudar a relaxar a sua mente e todo o seu eu. Pensar a respeito da sua conexão com a vida universal e com a natureza que é o bem essencial é o caminho. Medite sobre o estado de "unidade com o todo", como explicarei. Esse estado de comunhão com o Uno lhe trará alegria, paz e harmonia.

Ao meditar sobre a Vida una, você vê a si mesmo como um centro de vida infinita, recebendo e expressando o bem. Esse é o princípio da circulação em ação: influxo e fluxo para fora. E isso, natural e normalmente, abre vias de acesso para a experiência da vida como ela deve ser. O resultado desse trabalho interior aumenta a energia e desenvolve a inteligência.

Há muitas formas de meditação e muitos livros escritos a respeito de meditação. Eles vão desde concepções de orientação cristã até aquelas que podem parecer mais exóticas, vindas da Ásia. Na América e na Europa, os métodos de meditação mais familiares incluem a prática zen (budismo) ou a raja yoga de Patanjali, dos hinduístas. Esses e outros métodos são todos úteis porque ajudam a pessoa a adquirir tranqüilidade e a ficar mais centrada em si mesma. Esse é também um estado de equilíbrio interior e de paz da mente e do espírito. Se você esteve praticando a meditação transcendental (TM) do Maharishi, deveria continuar a fazê-lo. Quase todas as práticas que o deixem concentrado em si mesmo, e tranqüilo, são boas. Não enfatizo nenhum desses métodos. Todos eles são saudáveis e valiosos.

Você incorpora a prática na estrutura da sua vida diária. A maioria dos praticantes da meditação, ou seus professores, pedirá a seus alunos que a pratiquem como a primeira coisa a ser feita de manhã, e antes de se deitar à noite.

Fui pessoalmente treinado em vários métodos de meditação e de prática espiritual por alguns dos mestres proeminentes de nossa época. A figura mais significativa foi Swami Bodhananda, o último discípulo vivo e secretário-assistente do grande Swami Vivekananda. Swami-ji foi um homem de necessidades simples e, externamente, sem *glamour* nem séquito. Internamente, porém, era um insondável oceano de sabedoria e serenidade. Graças ao ensinamento de Swami Bodhananda, fui guiado na técnica de meditação da raja yoga. Uma adaptação desse método é o que tenho ensinado aos meus alunos com considerável sucesso. Sempre sugiro que se faça o processo que chamo de "Formação" depois dela. Essa yoga (palavra sânscrita que significa "união" ou "ligação") é essencialmente não-religiosa, o que permite a qualquer pessoa praticá-la, independentemente de sua orientação religiosa ou espiritual.

Também meditei tomando uma declaração ou frase que é muito positiva e construtiva e que permite que a minha mente contemple a idéia. Mais adiante, falarei mais sobre isso.

O método da raja yoga que pratiquei durante muitos anos e ensinei em muitas aulas é simples e segue o seguinte padrão:

Comece sentando-se num lugar tranqüilo. Normalmente, sento-me no chão, mas você pode sentar-se numa cadeira que seja razoavelmente firme, de modo que você não afunde nela e adormeça. (A meditação o leva freqüentemente a um ponto em que pode acontecer isso.) Se você se sentar num chão acarpetado, a probabilidade de você adormecer é menor.

Sento-me no chão com as pernas dobradas e cruzadas. Porém, não é necessária uma posição particular. Então, fico imóvel por alguns momentos, apenas imóvel, quando saúdo mentalmente a vida. Às vezes, inclino-me fisicamente para a frente em reconhecimento do fato de que o princípio vital é maior do que eu sou, que ele é um Poder mais alto e maior, uma Presença, e que eu sou uma expressão dele. Apreendo um sentimento de estar no âmbito de, e de pertencer a, um Poder e uma Presença maiores do que eu. Repasso isso mentalmente. Quando, literalmente, eu me curvo para a frente, como se fizesse uma pequena reverência, não é uma reverência que seria para algum Deus que estivesse lá fora à minha frente. É simplesmente uma declaração de humildade, de que eu não sou o criador do universo ou mesmo do meu mundo, de que eu fui criado por uma Inteligência ou Mente universais. Faço isso e permaneço com esses pensamentos durante cerca de três minutos.

Então, começo a respirar simples e profundamente pelas duas narinas. Respiro profundamente e retenho a respiração durante uma contagem confortável. Pode ser uma contagem de dez, ou de quinze ou de vinte, mais ou menos, dependendo do meu nível de conforto. Quando sinto a ansiedade, expiro lentamente por ambas as narinas. Essa maneira de respirar é conhecida pelo nome hinduísta de pranayama, que significa simplesmente que você está sorvendo a vitalidade da essência do ar. Ela se move para dentro de você e através de você. Quando você expira, exala as toxinas que estiveram no seu sistema físico e mental. À medida que expira, você sente que as toxinas expelidas pelas suas narinas são dissolvidas na atmosfera no mesmo instante.

Você inspira, sentindo que está sorvendo a essência da energia do universo através do ar, e que ela está percorrendo as suas narinas e em seguida movendo-se para cima e para baixo em todo o seu ser. Ela alcança o topo da sua cabeça e desce para a ponta do dedos dos seus pés.

No pranayama tradicional, concebe-se que a respiração desce por um canal na espinha, alargando-se na altura do cóccix e descendo pelas pernas até a ponta dos dedos dos pés, assim como, do topo da espinha, ela sobe até a cabeça. Existem análises e descrições do que acontece ao praticante, tanto física como mentalmente.

Sinto que não é importante enfatizar a descrição oculta do que acontece, mas sim o fato de que, quando você inspira, sente a essência da totalidade, da harmonia, do vigor da atmosfera, e que isso se difunde por todo o seu corpo e por todo o seu ser. Além disso, quando você expira a partir desses diferentes pontos dentro de você, as toxinas sobem por meio da sua respiração e são expelidas através das suas narinas. Essas toxinas provêm do corpo físico, bem como da atmosfera mental em que vivemos. São toxinas emocionais e físicas básicas. Ao serem expelidas pelas narinas, dissolvem-se instantaneamente na atmosfera.

Respiro dessa maneira durante, novamente, cerca de três minutos. Algumas pessoas praticam a respiração durante cinco minutos. Você precisa fazer tudo isso com conforto e tranqüilidade, nunca sob *stress*, nunca sob tensão, nunca sob qualquer tipo de pressão. Realize cada passo da meditação durante tanto tempo quanto você se sinta confortável e não pressionado.

O terceiro passo desse processo é a concentração. Agora, dirijo minha atenção para o topo da parte óssea proeminente do nariz. Aí, imagino que os cílios se assemelham a duas pétalas que se juntam no ponto onde deveriam se encontrar. No ponto de junção acima da proeminência do nariz, imagino uma chama que arde uniformemente. Sem tensão, tento manter minha visão interior sobre essa chama estacionária. Se preferir outra imagem simples, pode utilizá-la.

Sua mente divagará ao longo de todo o processo de meditação, e sua atenção fará o mesmo. Quando sua mente divagar, gentilmente traga-a de volta para aquilo que está fazendo e continue. Isso é diferente do tratamento espiritual, no qual, quando a mente divaga, se isso acontecer, você terá de começar novamente desde o princípio. Na meditação você não faz isso. Você continua a partir de onde estava. Você apenas pega a si mesmo e pensa para si mesmo, talvez, o seguinte: "Ora, vejam só; minha mente está muito longe daqui..." Quando você continua a imaginar a chama, se a sua mente divagar, traga-a gentilmente de volta até o ponto acima da proeminência do nariz e renove a sua atenção. Concentre-se na chama inalterável.

Não é fácil, mas com o tempo você ficará com mais prática. O importante é fazer isso, e quando você divagar, traga de volta sua atenção e não se preocupe mais com isso.

Você se concentrará na chama durante um lapso de tempo entre três e cinco minutos. Depois disso, você começará uma afirmação interior tranqüila, tal como: "Eu sou a vida." Você repete isso várias vezes, em silêncio. A frase que você usa também poderia ser esta: "Eu sou o amor." Você poderia mudá-la de semana em semana. A tradição oriental usa com freqüência a palavra OM, que às vezes é pronunciada como A-U-M. Supõe-se que essa sílaba simbolize o som primordial do universo (ele inclui todos os sons possíveis que podem ser expressos por linguagem). Se preferir, você pode dizer apenas essa palavra. Para muitas pessoas, ela é estranha demais. Se esse for o seu sentimento, sugiro que diga apenas uma frase tal como "Eu sou a vida", "Eu sou o amor", "Eu sou a paz" ou "Eu sou o Uno". Repita a frase muitas vezes, atentamente, durante cerca de dez minutos.

Quando você repete uma frase como as mencionadas acima, depois de mais ou menos uma semana você poderá descartar o verbo "sou", porque entende que é isso o que quer dizer. Poderá então repetir apenas a palavra restante da frase: "vida, vida, vida" ou "amor, amor, amor" ou "paz, paz, paz" ou "Uno, Uno, Uno". Recomendo que você chegue até esse nível, no qual sua frase torna-se apenas uma palavra ou sílaba. Porém, não há nada de errado em se dizer a frase completa, e é dessa maneira que começamos.

Ao final desse exercício de dez minutos, você obterá outro sentimento da grandeza do universo, da Força criativa universal ao seu redor. Então, se sentir que é correto, você poderá humildemente inclinar-se para a frente em reconhecimento da Inteligência universal. Esta é apenas uma afirmação física de que existe um poder maior do que você. Eis tudo.

Então, você volta à posição ereta e sente emanar do seu centro, e de cada poro do seu corpo, paz, harmonia e boa vontade para todos os seres do universo. Você sente esse processo dirigir o seu pensamento para todos os pontos cardeais — norte, sul, leste e oeste — para todos os pontos entre eles, acima da Terra e embaixo da Terra. Para todos os seres em toda a parte você irradia paz, pensamentos amorosos, os melhores votos — boa vontade para todos. Faça isso durante cerca de dois minutos.

Com isso você termina a meditação. Você apenas senta-se tranqüilamente durante outro par de minutos, sentindo-se centralizado, e então executa a sua "Formação", ou se levanta e prossegue com os seus assuntos. Todo o processo de meditação leva cerca de vinte minutos a meia hora. Você poderá expandi-lo até uma hora, se quiser.

Para algumas pessoas, a meditação é uma excelente maneira de se preparar para realizar o tratamento da cura espiritual. Para outras pessoas, ela não é tão boa. Esses alunos sentem-se muito calmos e muito tranqüilos depois de meditar, e não querem dizer coisa alguma, não querem perturbar esse estado de tranqüilidade. Se é assim que você se sente depois de meditar, espere e faça mais tarde o seu trabalho de tratamento espiritual.

O tratamento espiritual é um ato agressivo no qual você irá falar em voz alta. Depois de sair desse estado de quietude, falar alto dessa maneira afirmativa poderia perturbar a tranqüilidade que você estabeleceu. Porém, algumas pessoas acham que estão de tal modo centradas e tranqüilas que pronunciam as palavras do tratamento com inspiração e comodidade. Não há regras rígidas. Faça o que quer que funcione para você, o que quer que lhe seja cômodo, o que quer que seja isento de tensão.

Sinta-se livre para experimentar. Tente de uma maneira; em seguida tente de outra maneira, até descobrir o *seu* jeito. Essa é a minha opinião pessoal a respeito de todo esse trabalho — significa encontrar o *seu* jeito e não o jeito de outra pessoa que você tenta aplicar a si mesmo. Essa última abordagem pode fazer com que você sinta tensão ou *stress*. O que você está tentando fazer para diminuir o *stress* acaba ficando estressante.

Essa é minha meditação pessoal estruturada, baseada na raja yoga de Patanjali, mas com algumas variações. Se preferir uma forma menos estruturada de meditação, você poderia tirar um pensamento deste manual, talvez de um dos tratamentos na parte final deste livro, ou tirar um pensamento de algum outro livro que o inspire, e apenas ruminar sobre ele. Qualquer caminho que você tome está perfeitamente bem.

Muitos médicos e especialistas no controle do *stress* afirmam que a meditação é uma maneira de se reduzir o *stress* e de atingir um estado de equanimidade e de pacificação do ser. Foi comprovado em nossa época que essas afirmativas são corretas e científicas. Lembre-se: não há métodos que funcionem igualmente para todos e não há garantia de que você reduzirá sua hipertensão ou curará quaisquer outras doenças. Esta é uma maneira de se concentrar e, na minha opinião, de se preparar para a experiência da cura espiritual por meio da prática do que chamamos de tratamento espiritual.

Quando você meditar tranqüilamente, descobrirá que sua mente tende a saltar de um pensamento para outro. Essa é uma ação normal da mente. O que você aprende a fazer com a prática é deixar de lado esses pensamentos. Libere-os e torne a concentrar a sua atenção na imagem, no som ou na idéia que você escolheu como o ponto focal da sua meditação. Faça isso repetidas vezes numa única sessão.

Lentamente, você começará a se familiarizar com a maneira como a sua mente funciona. É simples auto-observação. Com o tempo, você se tornará um observador ou uma testemunha dos inúmeros e diversificados pensamentos que ocorrem abaixo do limiar da sua percepção consciente. Lembre-se: as emoções também são pensamentos, e também emergirão, reformar-se-ão, mudarão e desaparecerão da consciência, dissolvendo-se por completo. Esse fluxo de pensamentos muitas vezes tem sido descrito como um filme mental, por cujo intermédio podemos ver o que realmente somos. Trata-se de um acúmulo de pensamentos e de sentimentos passados, com suas esperanças, temores e expectativas, de natureza negativa ou positiva.

Apenas sentar-se tranqüilamente e observar a passagem desse desfile de conteúdos da consciência resultará numa interiorização e num aprofundamento do pensamento até que você sinta uma paz significativa. É desse profundo silêncio da sua mente que emergirá grande energia transformadora. Ela permeará todo o seu ser. Ela é capaz de produzir novas idéias e uma nova intuição, que podem ser chamadas de orientação a partir do interior do eu. É inteligência inata em ação.

FORMAÇÃO

A Formação é algo que qualquer pessoa pode fazer em qualquer ocasião. Você precisa de um caderno de anotações e de um lápis, e precisa de algum tempo para se sentar em silêncio. Vá até um lugar tranqüilo com o caderno de anotações e o seu lápis e sente-se tranqüilamente. Depois de um certo tempo de quietude, anote cada pensamento e cada sentimento que venham até você, independentemente de quão irrelevantes possam parecer. A partir do que está escrito, e a partir do que você percebe entre as linhas e as palavras, você obterá uma nova idéia de onde você está na consciência, do que são os seus pensamentos e os seus sentimentos — e a respeito de assuntos e de pessoas dos quais e de quem você não está conscientemente ciente.

A Formação lhe ensinará a ouvir a voz interior da intuição e da consciência. Ela pode lhe revelar novas idéias a partir das profundezas do seu ser. Essa é a maneira pela qual a Mente universal funciona através da mente individual. É uma integração do universal com o pessoal e o individual. E pode revelar os ilógicos propósitos cruzados do seu pensamento e da sua ação. Isso pode lhe proporcionar um nova visão daquilo pelo que você está obcecado — internamente, não necessariamente externamente. Pode guiá-lo até onde as mudanças precisam ser feitas. É simples. Não tente complicar. Experimente. Sente-se, fique tranqüilo, ouça e escreva!

OUTRO TRABALHO MENTAL

Além da meditação e da "Formação", há outro trabalho mental que você pode fazer a fim de se preparar para o tratamento de cura espiritual. Antes de mais nada, ler é importante. Você precisará fazer uma leitura cuidadosa de livros espiritualistas, de preferência livros que não sejam negativos. Evite livros que falem sobre pecado ou livros que de alguma maneira poderiam introduzir a culpa. Por exemplo, algumas pessoas estão de tal modo envolvidas com maneiras tradicionais ou cristãs ortodoxas que tendem a ser negativas. Não cabe a mim dizer a essas pessoas o que é bom para elas e o que fazer. Porém, se você está procurando a cura, penso que é preferível não se pôr a ler livros como os de San Juan de la Cruz, que fala sobre idéias como a da noite escura da alma. Em vez disso, procure livros que sejam mais positivos e mais afirmadores da vida. Eu não estou denegrindo ou rebaixando esses grandes místicos ou seus ensinamentos. Respeito cada um deles. Só que eles são outro caminho, que simplesmente não é um caminho que leva a esse método de cura espiritual. Eles deveriam ser lidos numa ocasião posterior, depois que a cura foi realizada.

Há livros sobre o budismo, sobre o vedanta, sobre o cristianismo, que são muito positivos e muito edificantes. Serão úteis no seu movimento da consciência para a frente. Faz parte desse trabalho ler livros que edifiquem e informem. Você pode procurar muitos livros religiosos de autores que estão escrevendo sobre idéias positivas. Muitos deles são, hoje, bastante conhecidos. Há muitos livros — encontrá-los é uma questão de procurar numa biblioteca ou numa livraria sob categorias tais como espiritualidade, religião e até mesmo *new age*. Procure livros que o levem a ter a uma visão positiva. Isso faz parte da preparação mental para a cura espiritual: reserve tempo para si mesmo, reserve tempo para cultivar a atenção e para ser razoável — isto é, raciocinando a respeito da Inteligência universal que existe, que criou a todos nós.

O outro lado do trabalho pessoal é a auto-observação — isto é, estar ciente de si mesmo e observar a si mesmo em relação com cada pessoa, lugar, coisa, situação e evento da sua vida. Nessa relação, você tem um espelho que, como já assinalei, refletirá de volta para você o que você realmente é, e não apenas o modo como você pensa, mas o modo como você se sente a respeito dessa relação, desse evento ou pessoa e/ou a respeito de si mesmo. Nessa observação, você está trabalhando para a conquista de mais honestidade. A auto-observação é outro passo na autopercepção, e é uma maneira importante de trabalhar sobre si mesmo. Como Polonius aconselha o filho em *Hamlet*: "Isto acima de tudo: para o teu próprio eu sejas verdadeiro/E a isso deve se seguir, como a noite segue ao dia,/Não podes então ser falso para homem algum." A honestidade com você mesmo faz de você uma pessoa muito mais direta, clara, franca, reta e aberta — aberta à vida e ao bem que vem de outras pessoas e de dentro de si mesma.

Você também achará útil iniciar uma prática diária para apreciar a vida. Seja grato pelas outras pessoas que têm significado no seu mundo e para com elas. Se puder fazer algo por elas, ou melhorar de alguma maneira a situação delas, faça-o. Os pensamentos e os atos de amor refletem o princípio da vida. Esse é o toque do Divino sentido por cada pessoa que ingressa no seu mundo. Isso é generosidade verdadeira. É uma verdadeira doação de si mesmo.

À medida que você trabalha com a cura espiritual, você começa a adquirir um sentido de equilíbrio, e esse sentido de equilíbrio e essa capacidade de estar à altura de todos os desafios com que você se defronta realizarão uma coisa chamada paz. Essa é a serenidade que traz consigo a qualidade que podemos chamar de certeza ou de convicção a respeito da boa vida; é uma serenidade a respeito do que está acontecendo com você. E essa serenidade leva-o a uma experiência de beleza — inefável beleza, inexprimível beleza, beleza que deve provir da fonte de toda beleza. E, reconhecendo isso, você não pode deixar de sentir a gratidão pela vida que mana do interior e que se manifesta como ação de alegria.

DESOBSTRUINDO A CONSCIÊNCIA

É importante manter a consciência desobstruída a respeito dos problemas com que você se defronta. Só então você estará num estado de preparação para conhecer a verdade, que se expressa como realização espiritual. Quando a sua consciência é clara, nada dentro de você poderá bloquear a ação de cura. Para se livrar de obstruções inconscientes, antes de mais nada execute a "Formação". Ela o ajudará a se tornar ciente de padrões que estão dirigindo a sua vida. Quando você tem um problema e deu todos os passos humanos para chegar à solução, então você deveria fazer o tratamento até que todos os padrões subjetivos ou inconscientes dentro de você, que estejam resistindo, rejeitando ou rebelando-se contra o desdobramento harmonioso da sua vida, sejam dissolvidos; que o tratamento espiritual que você está realizando dirige a lei subjetiva no sentido de neutralizá-los e apagá-los. A resistência, a rejeição e a rebelião não têm poder, nem presença, nem ação; há somente energia criativa operando em você como ação correta e ordem divina, revelando totalidade na sua vida. Esse é o caminho a seguir, e darei a você as palavras no Capítulo 5, que você poderá incorporar ao seu tratamento. Outro caminho consiste em fazer o mesmo tipo de tratamento e, então, dizer: "Agora a inteligência criativa dentro de mim está revelando à minha percepção consciente tudo o que eu preciso saber para realizar um tratamento efetivo, de modo a dissolver os bloqueios da minha vida."

Também é útil para a desobstrução da consciência compreender que quaisquer ataques pessoais de comportamento destrutivo são manifestações de uma ignorância genérica e impessoal (isto é, uma negação do bem) que operam através das pessoas. Portanto, você está ciente de que, se eles soubessem mais, teriam feito melhor, teriam funcionado de maneira diferente. As pessoas são fantoches da ignorância até despertarem para a verdade e virem que as distorções da consciência coletiva que operam através delas ou dos padrões internos pessoais estão manipulando o seu comportamento. Portanto, você pode libertar as pessoas (ou a memória das suas ações) para a verdade que liberta e — em amor — desejar que todos estejam bem, enquanto libera a si mesmo para o seu bem maior.

Não deixe que uma sensação de depressão ou de medo abra as portas do seu subconsciente a negações e a emoções negativas latentes. Faça o tratamento para dissolvê-las. Você pode incluir no seu tratamento palavras que identifiquem você como parte do campo de ação criativo e positivo do universo. Fornecerei no Capítulo 5 sugestões para você utilizar.

No Capítulo 3, expliquei como é importante livrar a sua consciência de pensamentos e de influências negativas, processo que na cura espiritual chamamos de negar as negações do bem dentro de você. Quando estamos realizando um trabalho de tratamento, às vezes é uma boa idéia fazer uma lista de negações e, em seguida, percorrê-las do começo ao fim invertendo-as ponto por ponto. Você poderá incorporar essa informação no seu trabalho de tratamento. Eis como você deve proceder.

Por exemplo, suponha que você tenha uma nota promissória assinada por John Smith contra um empréstimo feito em 15 de setembro, e está preocupado a respeito. O primeiro passo para inverter a negatividade associada à nota promissória é saber que não há finalidade no universo, que não há momento final no universo e que não há especulações falsas em operação. Essa nota promissória, que vence numa determinada data, dá a você a sensação de que talvez o Sr. Smith não será capaz de pagá-la. Talvez algo esteja errado com a situação e você começa a especular sobre a negação, que talvez seja esse o momento final e que ele não será capaz de pagar. Essa é a primeira negação a inverter.

A próxima negação poderia simplesmente ser a de que lhe devem dinheiro. Para inverter essa negação, você precisa se livrar de qualquer condenação ou julgamento a respeito do Sr. Smith. Você também precisa saber que essa pessoa, o Sr. Smith, é um homem íntegro. A integridade é a sua natureza e o seu ser, e a integridade se expressa através dele.

A terceira negação poderá envolver a idéia de dinheiro, dizendo-lhe que talvez não haja dinheiro suficiente para que ele possa pagar a sua promissória. Para inverter esse aspecto negativo, você precisa dizer que isso é uma mentira, que há sempre substância espiritual suficiente, que há sempre Espírito suficiente, para satisfazer cada situação. Além disso, há sempre mais do que o suficiente para satisfazer cada situação, porque isso provém de um suprimento infinito e inesgotável de benefícios.

O medo da data de vencimento poderá então começar a agir. Ele pagará no dia 15? Ele irá propor alguma coisa? É desse modo que o medo começa a manipular o seu pensamento. Para neutralizar isso, você diz que se recusa a deixar que uma data num calendário imponha sobre você qualquer tipo de sujeição. Você não é uma vítima de datas. Você vive exatamente aqui e agora, na sua consciência e na sua experiência, tudo de que precisa para a realização. Datas não fazem parte do seu mundo.

Se você quiser inverter o seu pensamento negativo a respeito de uma situação, poderá percorrer do começo ao fim uma lista de pontos específicos como esta. Fazer uma lista como essa garante que você sabe exatamente sobre o que está falando quando compõe um tratamento espiritual para o problema, e não apenas tem alguns pensamentos ou esperanças vagas.

Lembre-se de que as afirmações e as negações são instrumentos e não soluções. Além disso, você tem de tomar cuidado com o fato de que, quando está negando, entende que está negando as negações da verdade, e não alguma coisa real. Você não está negando a doença, não está negando a carência, a perda ou a limitação. Você está negando aquilo que diz que pode haver carência, perda ou limitação.

O exemplo anterior de como tratar de curar o medo e a preocupação a respeito de um problema financeiro é um processo e um caminho idênticos àqueles que você usa para curar o medo de cirurgia ou de quimioterapia ou de qualquer outro desafio médico. Passo a passo, você "manipula" cada *sugestão* de carência, de perda ou de limitação. Você poderia dizer: "Não existe lacuna dentro ou a partir dos divinos circuitos da vida. Tudo o que é necessário para a ação correta como ordem universal expressada está acontecendo na minha vida. Há um princípio único de totalidade no universo, e eu o expresso agora. Não estou limitado por qualquer temor dentro de mim. Ele agora é dissolvido com o reconhecimento da minha unicidade com o princípio universal da totalidade. Sou preenchido com o espírito radiante da divina Vida una. Cada opinião médica relacionada a mim e à minha saúde é agora dissolvida no reconhecimento de que a Vida divina é tudo o que existe, e precisa ser a essência, a forma e a função da minha vida agora. Não sou uma opinião ou um veredito médico. Sou uma especialização e uma personalização de todo o bem, a totalidade e a vida que existe no universo. Não sou uma vítima da natureza humana, mas uma expressão da natureza divina, que é bem-estar manifestando-se dentro de mim e através de mim. Esse conhecimento espiritual no tratamento já é aceito pela lei criativa da Mente universal e todos os meus caminhos estão bem. Sou saudável, equilibrado, refletindo a natureza perfeita enquanto ordem divina em cada célula, tecido, músculo, órgão, ação e reação do que é chamado o meu corpo. Sou feliz, alegre e livre."

REVERSÕES DO TRATAMENTO

O tratamento espiritual pode ser revertido se a sua atitude positiva der margem a sentimentos negativos tais como dúvida, medo, raiva ou ciúme. Isso pode acontecer por várias razões. Suponha que você faça um tratamento e sinta que as coisas estão começando a se movimentar para a frente. Então, o que acontece? Elas se desintegram, ou então, não parecem movimentar-se para a frente. Ou, ainda, estão se movimentando para a frente e você está começando a sentir alguma coisa; subitamente, tudo parece se desintegrar. A razão disso é: resistência dentro de você. Na verdade, você não está conseguindo o progresso revolucionário, a realização, que está querendo. Às vezes, o problema é que você está demasiadamente orientado para a tentativa de curar algo objetivo ou fora de você, focalizando-se nisso e não no complexo de forças ou de idéias espirituais subjacentes e que se movem através de tudo.

Ou talvez você esteja pensando num caminho muito construtivo e positivo, até que alguém diz algo que aperta os seus botões. É como um choque traumático; ele o abala num ponto vulnerável e você se tranca nessa reação de sentimentos negativos; na verdade, você se tranca a uma sugestão de desordem e à inversão do bem. É o seu medo, medo não-resolvido, que o tranca a essa sugestão, a essa ação, a essa afirmação, e isso parece inverter todo o bom trabalho que você fez até então. Porém, crie coragem. O bom trabalho ainda está feito, ainda está lá, a lei criativa interior ainda está em ação. Simplesmente, ainda é preciso um esforço mais consciente de sua parte para se acrescentar ao que já está lá. Um tratamento espiritual realizado uma vez é para sempre. O acúmulo de consciência é para sempre. Uma vez adquirido o entendimento de que você é livre numa determinada área da vida, ninguém poderá fazer com que você passe por isso novamente. Uma vez que você tenha o entendimento, não poderá aceitar novamente a mentira, a ignorância, a distorção, que estão tentando bloqueá-lo para que não manifeste esse entendimento. Uma vez que estou ciente de que dois mais dois é igual a quatro, eu não me preocupo mais com o quanto eu acreditava que dois mais dois fosse igual a cinco ou em quanta fé eu tinha nisso ou quanta experiência eu tive tentando trabalhar com essa distorção da verdade; apenas, acabou. Uma vez que eu tenha entendido que dois mais dois é igual a quatro, isso é assim em qualquer tempo e eternidade.

Esse é o ponto que precisamos atingir. É um ponto de total convicção a respeito de todas essas idéias aparentemente abstratas que estivemos considerando neste livro. Agora, começamos a ver que o abstrato é realmente a base do concreto. Ele nunca é removido de nós. Apenas está tão afastado de nós quanto o nosso pensamento seguinte. E a sua glória é que uma lei subconsciente criativa está agindo sobre nós durante o tempo todo. É o nosso amigo mais próximo e mais querido. É ter Deus conosco, como nosso companheiro, através de nossa mente.

CAPÍTULO 5

A realização do trabalho de tratamento espiritual

Agora você está pronto para usar todas as ferramentas que lhe ofereci nos capítulos precedentes para começar a trabalhar com o tratamento espiritual. Como aprendemos no Capítulo 3, há dois métodos de tratamento espiritual: o tratamento argumentativo e o tratamento de realização.

O tratamento argumentativo é um método claro e lógico, no qual você é específico, claro e determinado. Seu propósito é desenvolver um estado de consciência até o ponto em que você "sabe". É o método do tipo "não/sim", no qual você dissolve as negações na sua mente e as elimina. Esse é o tipo de tratamento para o qual eu lhe darei o modelo que deverá seguir e as palavras que poderá usar para criar o seu próprio tratamento. Os tratamentos apresentados no Apêndice também são do tipo argumentativo.

O tratamento de realização, como expliquei no Capítulo 3, é uma forma mais avançada, que você poderá utilizar quando tiver adquirido mais experiência com a cura espiritual. O tratamento de realização é o método do tipo "somente sim", que é contemplativo e é sentimento. Nicolas de Cusa, filósofo alemão do século XV, cardeal e bispo, resume essa idéia quando escreve: "Sim, Deus! Sim, Deus! Sim, sim e sempre sim." Este é um método de sensibilidade e de sentimento, e ele dá uma sensação de liberdade ao corpo. Nesse método, você contempla a idéia que quer. Ele é mais bem-utilizado por uma pessoa que está razoavelmente satisfeita ou à vontade, alguém que não é agressivo, alguém que obteve uma certeza a respeito da vida espiritual. Com um propósito deliberado, você contempla um desejo como se ele já estivesse realizado. Ele é feito com mais eficiência quando as coisas são pacíficas. O tratamento de realização pode ser enganador; por isso é melhor deixá-lo de lado até que você tenha mais experiência com as técnicas da cura espiritual.

Um exemplo de um tratamento de realização para a saúde, caso você queira tentar esse método, poderia ser o seguinte:

"Este tratamento é para mim mesmo [diga o seu nome]. Agora, aceito essa idéia de que sou a saúde de Deus. A totalidade da Fonte universal é a minha saúde, e reconheço que isto é o que eu sou agora. Sou a plena expressão do Infinito [ou Deus]. Este 'conhecimento' é aceito pela Mente Una. Essa é a lei da minha vida e da minha experiência. Tudo está bem."

Prossigamos agora a fim de examinar os passos de um tratamento argumentativo com mais detalhes do que o fizemos no Capítulo 3.

Quatro passos no tratamento

No Capítulo 3, introduzi os quatro passos que compõem um tratamento espiritual. Esses passos se aplicam à forma argumentativa de tratamento que você estará usando, pelo menos até adquirir muito mais entendimento e experiência espirituais. Agora que você está pronto para começar a trabalhar com a cura espiritual, precisa ficar mais familiarizado com os passos de um tratamento e com a maneira de utilizá-los.

Passo 1: Reconhecimento

O reconhecimento é a primeira coisa que fazemos no tratamento espiritual, seja esse tratamento para nós mesmos ou para outra pessoa. Reconhecemos, literalmente, o que é o universo, o que é a vida. O reconhecimento consiste em dizer que existe um princípio mental único no universo, uma Inteligência criativa universal única, um

Grande Espírito único, uma Vida única, um Amor único. Estamos realmente falando a respeito do princípio da existência, e o que fazemos é repetir isso ou usar palavras semelhantes, sinônimos, que apenas começam a construir a consciência. Esse é o primeiro passo na construção da consciência, por meio de uma linguagem de sinonímia. Eis você aqui, um ser humano enfermo, em dificuldades, envolvido num problema, e o que você faz nesse primeiro estágio é desembaraçar-se do problema. Você reconhece que a sua situação, o seu problema, não está de acordo com a realidade suprema — nenhum problema está. Todo tratamento de cura espiritual começa com o reconhecimento, independentemente do tipo de problema que você está tratando. Desse modo, a primeira coisa que você faz é começar dizendo: "Bem, o que é a vida por toda parte, e o que é a vida?"

Para as pessoas religiosas, a vida é Deus, perfeito, total, completo, um princípio uno, uma realidade única. Para as que não são, que pensem apenas no princípio vital universal ou na Inteligência subjacente e residindo como princípio ativo no interior de tudo. O que você faz, então, é rever o que é o princípio da vida e da existência: bem absoluto, totalidade absoluta, Uno sem um segundo. O reconhecimento consiste, simplesmente, em afirmar isso, de uma maneira muito simples, direta e franca — de maneira refletida, e não apenas repetindo palavras, não apenas repetindo uma fórmula. Usamos as mesmas palavras repetidas vezes, frases semelhantes repetidas vezes, porque a nossa linguagem é limitada. Embora usemos uma linguagem de sinônimos, há somente umas tantas palavras e frases que podemos usar para descrever esse grande Poder e Presença. É o que rotulo como "identificação correta".

O reconhecimento pode ser expresso num tratamento com palavras como as seguintes:

"Há uma única vida, um único princípio mental, um único Poder e uma única Presença no universo. É a Inteligência criadora."

Ou, então, você poderia declarar um reconhecimento como o seguinte:

"Há um só Espírito, que é Deus, que é o meu ser, a minha vida agora."

Ou como esta:

"Há somente Deus, o Grande Espírito. É o Ser individualizado e expressado, e é individualizado e se expressa como aquilo que eu sou."

Pessoas que são orientadas por programas de doze passos talvez prefiram dizer: "Há um Poder Superior. O Poder Superior está ao meu redor e se expressa em mim, ao redor de tudo e dentro de tudo."

Passo 2: Unificação

A segunda parte do tratamento é a unificação ou identificação, na qual você se identifica como uma parte unificada do todo, como uma individualização do Uno, do Grande Espírito, da Inteligência universal. É o ponto no qual começamos a reconhecer que, se estamos falando a respeito do ser onipresente, onipotente e onisciente chamado Deus ou o Grande Espírito ou a Inteligência universal, então devemos ter vindo dele. Se ele é tudo e é cada coisa, se é onipresente, então tudo o que é da vida provém dele. Devemos provir dele também. A parte da unificação ou da identificação de um tratamento espiritual é o ponto no qual começamos a reconhecer, a apreciar e a aceitar que somos emanações desse Uno, expressões dele.

Você está se unificando com esse Uno de uma maneira muito consciente por meio da sua consciência, por meio da sua mente consciente. Essa é a única maneira de você unificar, porque, efetivamente, você *é* unificado. Você nunca está separado e nunca foi separado do princípio vital. O que você faz na unificação é aceitar, afirmar e conhecer conscientemente essa verdade. Você está se identificando como uma expressão do Altíssimo. Você reconhece que está dentro e que provém de uma ação desse Grande Uno. Você descreve isso de várias maneiras. Cada pessoa terá a sua maneira muito especial de "pronunciar a palavra". E você a pronunciará de diferentes maneiras em diferentes ocasiões.

Mais uma vez, você usará freqüentemente palavras e frases semelhantes porque somos limitados no vocabulário e na semântica do tratamento. Porém, não se trata tanto das palavras que você diz, quanto do sentimento que está por trás delas. O sentimento é a coisa toda. Tenho enfatizado o fato de que o sentimento é o combustível que está por trás do tratamento espiritual, por trás da realização espiritual. O sentimento é tudo. Sem o sentimento, o tratamento espiritual constitui-se de meras palavras; é repetição de um rosário ou de um mantra ou de qualquer fórmula, sem inspiração, entusiasmo e emoção reais e sem uma dedicação plena e ardente.

A unificação pode ser expressa das seguintes maneiras:

"Esta Inteligência criativa está atuando através de mim, expressando-se como aquilo que eu sou. Ela é a minha mente agora, operando através de mim."

"A Inteligência universal é a substância e a essência da minha natureza, a totalidade é o meu verdadeiro ser. Vim da totalidade e vivo a totalidade. Eu expresso e manifesto a totalidade. A totalidade está ao meu redor e dentro de mim."

"Eu sou porque Deus é. Sou vida, amor, poder, alegria, harmonia e ordem. Sou Espírito, verdade, pureza e totalidade. Sou completude, beleza, ação correta, inteligência e criatividade."

"Sou o Ser expressado, sou essa individualização do Uno agora. Existo no processo criativo desse Grande Deus, Espírito, princípio de vida. Sou os seus meios de autoconhecimento e de expansão."

Ou, muito simplesmente, você poderá dizer:

"Há uma só Vida, e a minha vida é parte dela agora." Essa frase expressa reconhecimento e identificação. Uma palavra-chave na unificação é "agora". A Vida Una se expressa, *agora*, em você, através de você e como aquilo que você é.

Passo 3: Particularização

A particularização estabelece o enfoque específico do tratamento — sobre saúde, emprego, dinheiro ou qualquer coisa de que você necessite. Por exemplo, suponha que você sinta uma dor no pulso ou na mão. Aqui, você começa a procurar por uma idéia espiritual que esteja por trás do pulso ou da mão doloridos. Eis onde você está sendo específico no seu tratamento, e você trabalha com a afirmação e a negação para alcançar o nível da convicção. Agora, você está personalizando o tratamento, tornando-o bastante específico na sua vida e no seu mundo. Despenda tão pouco tempo quanto possível contemplando a desordem. Você não precisa passar por um longo processo analítico. Você não precisa contemplar o negativo. Em vez disso, você se põe a trabalhar para desobstruir a sua consciência de sistemas de crença falsos e errôneos.

Como eu disse no Capítulo 3, uma maneira de se descobrir a idéia espiritual consiste em consultar um dicionário e ver qual é a definição da parte do corpo, da doença ou do problema que o está perturbando. Isso lhe dará a definição que você agora irá reverter em tratamento espiritual.

No passo 3, você elimina bloqueios, dissolve negatividades e nega negações do bem no seu pensamento, negações que permitiram que o seu problema ocorresse. Livre-se de cada concepção e cada sentimento negativos a respeito da sua existência. Dissolva todo padrão interior que nega o bem, o belo, o criativo. Elimine de sua consciência todos os resíduos de carência, de perda e de limitação. Descarte o passado, com todos os seus padrões destrutivos de pensamento e de ação negativos. Quando você se defrontar com negações — e todos nós nos defrontamos, uma vez que elas constituem uma parcela da experiência humana — pare a fim de observar o seu pensamento. Identifique essas negações de verdades afirmadoras da vida, enfrente-as uma por uma, estirpe-as. Nessa parte do tratamento espiritual, você afirma que toda crença errônea, todo pensamento negativo, toda sugestão de que você é separado ou foi separado do todo, são, por meio disso, neutralizados e dissolvidos. Essa ação representa uma ofensiva de linha de frente contra qualquer coisa que diga "não" a uma vida de harmonia, de bem-estar, de saúde e de bem abundantes. Lembre-se: não é contra a negação como tal que você deverá se guardar. Não é a limitação aparente. É a negação da verdade, do bem na sua consciência, que você precisa tratar de dissolver.

Isso, por sua vez, permite-lhe ver claramente quem e o que você é, e você sabe o que fazer. Você afirma que o bem está aí. Você reconhece que o padrão perfeito para a sua experiência, em qualquer área da sua vida, existe exatamente agora. Esse padrão é a substância e a forma do seu corpo exatamente agora.

As palavras para o passo 3 são especificamente destinadas ao problema ou à situação que você está trabalhando para curar. Essa parte de um tratamento é única. No caso da mão machucada, você poderia começar afirmando o que a sua mão é, a capacidade para agarrar, a capacidade para segurar. Em seguida, você expandiria a idéia dizendo: "Eu agarro a vida, eu apanho a vida, eu seguro a vida, eu sou flexível na vida, eu me movimento na vida como a ação da vida. Minha mão é essa ação criativa, que apanha, que solta, que agarra, que deixa ir, essa ação flexível do Espírito como aquilo que sou. Minha mão é a mão de Deus. Minha mão é a ação flexível da vida, que apanha e que solta. Portanto, toda resistência, rejeição e rebelião contra essa apreensão da vida e essa liberação de idéias na vida é, por meio disso, apagada, dissolvida, obliterada, eliminada como um padrão subconsciente dentro de mim, como uma aceitação dentro de mim que se manifesta sobre mim. Agora, tudo está banido e se vai por meio dessa palavra que pronuncio agora."

Eis outro exemplo da parte de particularização de um tratamento:

"Essa totalidade é manifesta no meu corpo físico, que é um complexo de idéias espirituais em ação perfeita. Eu manifesto isso agora no meu corpo físico em cada célula, tecido, músculo, função, ação e reação. Meu corpo é a expressão e a apresentação, a figuração externa, do princípio da totalidade no universo em mim e manifestando-se através de mim exatamente agora."

Eis alguns exemplos de palavras pronunciadas para se livrar da negatividade e para negar quaisquer negações do bem que possam estar presentes na sua consciência:

"Existe apenas uma Mente única, e ela é a minha Mente agora. Ela é exaltada, está se movimentando para a frente, é ampla e forte e vital. É uma ação criativa, expressando-se portanto em mim, através de mim e como aquilo que eu sou. Ela está se manifestando exatamente agora como o meu ser capaz de ver claramente, sabiamente e bem tudo o que preciso ver. Capaz de saber o que fazer e como fazer. Capaz de se movimentar para cima e para a frente na minha consciência e na minha mente. Capaz de atingir e de obter, de crescer, de desdobrar o bem, o maior e o melhor, que é o que eu estou fazendo agora."

"Tudo o que existe dentro de mim e que esteja resistindo, rejeitando ou rebelando-se contra o movimento ou a ação para a frente do bem nesse domínio é arrancado, dissolvido, neutralizado, banido, apagado, descartado para sempre. Sou totalmente aberto e plenamente receptivo à ação fluente e criadora da vida, do bem, da alegria ou da realização, e ela está se manifestando através de mim e no meu mundo de experiência como totalidade, como harmonia, como beleza, como ordem, como relacionamento correto, como ação correta, como atividade correta."

* * *

"A resistência, a rejeição e a rebelião não têm poder, não têm presença, não têm ação. Há somente energia criativa operando em mim como ação correta e ordem divina, que estão revelando a totalidade na minha vida."

"Agora, a Inteligência criativa dentro de mim está revelando à minha percepção consciente tudo o que preciso para saber realizar um tratamento efetivo a fim de dissolver bloqueios na minha vida."

Nem toda negatividade provém diretamente da sua experiência de vida, como aprendemos no Capítulo 3. Também é importante neutralizar a influência negativa proveniente da consciência coletiva. Eis uma maneira de se fazer isso:

"Tudo o que existe em mim e que está produzindo essa distorção e essa perturbação da ordem divina que se manifesta como [nomeie essa desordem particular] é, por meio disto, arrancado e dissolvido exatamente agora. Eu não sou uma vítima da consciência coletiva. Sou a suprema consciência de Deus, a consciência do Divino, a percepção da Inteligência universal, em experiência e perfeita expressão e manifestação como minha consciência exatamente aqui, exatamente agora. Conforme conheço isso, é o Uno que vai conhecendo a si mesmo em mim, através de mim, como aquilo que eu sou e por meu intermédio, e a grande lei da mente subjetiva [ou subconsciente] já está aceitando esse sentimento que tenho, esses pensamentos que tenho, essa consciência que estou experimentando e que está fazendo o seu trabalho, que é simplesmente o de se reproduzir no meu mundo da experiência. Ela está fazendo isso exatamente agora, e eu represento totalidade e harmonia e paz e bem-estar e ação correta e ordem divina."

Se você nasceu num ambiente religioso, pode lhe ter sido ensinado que você foi concebido em pecado, que os seres humanos decaíram da situação em que foram criados e necessitam de salvação. Você precisa interpretar isso corretamente. Pecar significa errar o alvo, o objetivo. Essa é uma crença segundo a qual você está separado da única Fonte da existência. Essa é uma realidade impressa em nós. Tudo o que você pode vivenciar é uma crença na separação. Uma crença segundo a qual você caiu da graça e está dissociado da beneficência e do Poder divinos. Você precisa eliminar a idéia de que, de algum modo, você é mau ou pecador, de que a sua doença ou de que os seus problemas são o seu castigo, que você não merece ser feliz, sadio e bem-sucedido. O entendimento espiritual revela a verdade de que não existe mal no fato de se ter nascido. A falsa educação, a percepção errada e uma aceitação de certas concepções e idéias errôneas poderão impedi-lo de vivenciar o bem. Se isso é um problema para você, inclua no seu tratamento palavras tais como as seguintes:

"Nenhuma crença teológica errada opera em mim, através de mim ou sobre mim. Isso não faz parte da verdade, não faz parte da realidade, não faz parte do universo. É apenas uma opinião, o equívoco de um ser humano, e portanto não tem poder nem influência na minha vida."

Para mais exemplos de palavras que você pode usar no passo 3 para abordar problemas particulares, consulte o Apêndice. O tratamento que você encontrará ali contém as palavras para o passo 3 e, em alguns casos, para o passo 2. Para usar esses tratamentos, você precisa acrescentar o passo 1, o reconhecimento. Quando terminar o seu tratamento, acrescente o passo 4, a liberação.

Passo 4: Liberação

Todo tratamento termina com a liberação, na qual você confia o tratamento à lei da ação criativa, por meio da qual a Inteligência universal opera. Você sabe que a mudança que deseja não pode deixar de acontecer, e estabelece que já foi realizada. Você percebe que aquilo de que precisa você já tem graças à lei responsiva da mente, e você se libera a essa ação perfeita e permite que a lei opere na sua vida. O tratamento é aceito pela lei; no momento em que você começou a pensar a respeito dele, ele foi recebido pela lei e esta reagiu a ele. O tratamento é uma entidade em si mesma, que opera como lei, e o uso de quaisquer métodos produzirá o efeito. Portanto, você simplesmente o libera. Você o deixa ir, sabendo que está em ação, que produzirá ou atrairá para você ou para o âmbito do seu mundo da experiência as vias de acesso (pessoas, lugares, coisas ou eventos) necessárias à realização desse objetivo.

A liberação pode ser formulada em palavras como as que seguem:

"Agora, a grande lei criadora do universo, na qual minha mente habita, é a Mente universal, que opera por trás e no interior da minha mente, e agora aceita a idéia de que eu sou a flexibilidade e a ação do Espírito, que toma e que libera. Que eu sou essa perfeita atividade da vida expressa de uma maneira individualizada. Compreendendo que sou livre na vida, sorvendo alegremente a vida, agarrando-a e descartando tudo o que eu preciso liberar. Eu não me prendo a velhos pensamentos, sentimentos ou lembranças de raiva, ressentimento ou dor. Libero tudo isso. Agarro o amor, agarro a vida, agarro a alegria, agarro a criatividade, agarro novas oportunidades de auto-expressão e realização. E compreendo que a lei que cria a vida ao meu redor e dentro de mim aceita esse pensamento e esse sentimento e se movimenta através de mim para realizar essa consciência como um fato palpável. Totalidade, harmonia, flexibilidade e liberdade desenvolvem grande atividade através de todo o meu ser e através da minha mão. Essa é a palavra liberada à lei da vida, e assim é." (Essas poderiam ser as idéias conclusivas no tratamento relativo à sua mão, que usei como exemplo em capítulos anteriores.)

Uma declaração muito simples de liberação poderia parecer-se com esta:

"Aceito este tratamento espiritual, e sei que a lei já aceitou o que eu estou aceitando. Está feito, plenamente realizado e é agora um fato. E assim é."

Reunindo tudo

Realizar um tratamento espiritual é uma questão de percorrer esses passos. Utilize-os como uma diretriz. Não se prenda a eles de uma maneira rígida, mas utilize-os como um formato para o fluxo do seu pensamento. Ao percorrer esses passos, baseados no entendimento espiritual, você atingirá mudanças na consciência, uma abertura para o fluxo desse grande poder e experiência da ação de cura. Às vezes, os resultados são imediatos; às vezes demoram mais tempo porque você está crescendo no despertar, na percepção e no entendimento espirituais.

À medida que você prossegue na prática do tratamento espiritual lendo os tratamentos no Apêndice e anexando o seu nome a eles, tirando uma palavra aqui, acrescentando outra ali, você começará a ser capaz de fluir com esse tipo de idéia, e será capaz, então, de realizar o tratamento espiritual de uma maneira muito espontânea e pessoal.

A espontaneidade e o sentimento são essenciais. Esse é o nosso objetivo, e é esse o formato. Porém, por trás do formato deve existir o fluxo espontâneo de pensamentos e de sentimentos que estão por trás do fluxo (que permite que o fluxo aconteça). Quando falamos em voz alta, todo o nosso ser fica envolvido nisso, e podemos pronunciar a palavra do tratamento a respeito de qualquer aspecto da nossa vida. "Existe a vida", dizemos. "Essa vida é total, perfeita, completa; é a minha vida agora — cada célula, tecido, órgão, músculo, função, ação e reação do meu corpo físico é essa perfeita atividade de Deus."

Alguém que tenha sido informado de que o câncer, a AIDS ou qualquer outra enfermidade assustadora infiltrou-se no seu organismo poderá dizer no tratamento: "Estou impregnado da vida de Deus." Essa palavra "impregnado" lhes foi dita, e essa terrível palavra, que tem sido um fator de emoção nessas pessoas, pode ser neutralizada tomando da própria palavra e tornando-a positiva, dizendo, por exemplo: "Cada célula está impregnada de vida, amor e totalidade do Ser infinito expressando-se em mim, através de mim e como aquilo que eu sou. A vida se infiltra em mim, e a harmonia, a criatividade, a ação correta e a ordem divina se difundem através de mim e me impregnam. Nada dentro de mim, nada ao meu redor podem bloquear o meu movimento para a frente na vida. Todas as opiniões e crenças coletivas são dissolvidas — aquelas das assim chamadas autoridades médicas e tudo o que eu tenho aceito da opinião médica e das opiniões de especialistas é agora liberado e descartado. Na minha vida, a autoridade é a autoridade da Inteligência universal, de Deus, do Espírito, da Mente criativa única."

Elabore os seus próprios tratamentos

É da máxima importância praticar regularmente esse trabalho de cura espiritual. É também essencial não cair na rotina de usar as mesmas palavras da mesma maneira. É por isso que não aprovo afirmações, como expliquei no Capítulo 3. Quando você se sente à vontade utilizando um ou mais dos tratamentos oferecidos na parte final deste livro, comece a personalizar o seu tratamento mudando ou acrescentando uma palavra aqui, outra ali. Depois de algum tempo, você poderá acrescentar frases ou sentenças, substituindo palavras do livro pelas suas próprias palavras. Finalmente, você será capaz de compor seus tratamentos espirituais, expressando os quatro passos necessários da sua própria maneira, em palavras que são as suas.

Não posso enfatizar suficientemente o quanto é importante trabalhar com a elaboração dos seus próprios tratamentos espirituais. Sua convicção será maior e mais profunda quando você pronunciar as palavras do tratamento a partir do seu coração, com a sua voz. A chave para uma cura bem-sucedida é o entendimento espiritual que lhe dá o sentimento para o que você está fazendo. Isso não é apenas uma coisa cerebral, não é intelectual. Se for um processo estritamente intelectual ou de rotina, ele nada realizará.

A cura está arraigada no fogo da sua inspiração. É isso o que eu quero dizer quando falo a respeito de ter sentimento para o tratamento, e isso vem da sua compreensão. Isso nada tem que ver com crença cega ou com fé insubstancial. Tem que ver com seu crescente entendimento e com sua confiança no que está fazendo. Isto desenvolve uma sólida convicção. E a sua convicção e crença inabaláveis no valor dessa obra, desse estudo e desse processo, crescem como resultado do seu entendimento.

Você começa a ver que o processo de cura é um processo universal. Nada tem que ver com qualquer religião específica, mas tem que ver com a mente das pessoas. Tem que ver com a maneira como pensamos a respeito da vida e de nós mesmos, com a maneira como pensamos a respeito de possibilidades e de potencialidades. E tem que ver com a expectativa. Quando você passa a entender isso, você começa a pensar num nível inteiramente diferente. O tratamento espiritual existe com o propósito de realizar mudanças interior e exteriormente. A cura espiritual não é uma coisa etérica, não é alguma concepção abstrata de uma energia curativa que está apenas "lá fora". É uma mudança aqui-e-agora na sua consciência e no seu corpo — no seu corpo físico, mental, emocional, relacional, financeiro. O seu "corpo" é todo o seu mundo da experiência.

O princípio da mente universal opera em você desde que a área subconsciente da sua mente o está ouvindo e lhe está respondendo como o reator mental natural que existe dentro de você. O grau de resposta dependerá do seu entendimento e da sua aceitação das idéias no tratamento. O resultado é uma mudança interior da consciência que se manifestará como uma mudança externa de alguma maneira palpável.

Nem todo tratamento que você faz será inspirado. É por isso que você precisa fazer o tratamento repetidas vezes até obter aqueles avanços transformadores que o levarão até o próximo estágio superior da percepção para uma área particular da sua vida. É quando você tem a demonstração de um bem em particular. É uma evidência palpável, definida, concreta do poder espiritual na sua vida.

Princípio

Quando você realiza o seu trabalho de tratamento espiritual, ele deveria ser breve, rápido e audível, e deveria dirigir-se diretamente para uma conclusão. Você pode aprender isso com a prática e lendo os tratamentos na parte final deste livro.

Quando começar o seu tratamento, seja sempre específico. Comece declarando que o tratamento é para si mesmo ou para a pessoa para quem você está fazendo o trabalho de cura:

"Este tratamento é para mim mesmo [declare o seu nome]. Tudo neste tratamento diz respeito a [diga o seu nome]."

Ou então, em vez de dar o seu nome, dê o nome da pessoa para quem você está realizando o tratamento.

Isso planta a semente; torna-se, de certa maneira, um núcleo em torno do qual o seu tratamento criará a energia que se tornará a forma da experiência que você quer. É muito específico para você ou para a pessoa a quem se destina o tratamento.

Se você quer usar um tratamento apresentado no Apêndice, leia do princípio ao fim todos os tratamentos lá apresentados e escolha um que se aplique mais diretamente à sua situação. Leia-o totalmente uma segunda vez. Certifique-se de que ele está claro para você. Inclua quaisquer palavras adicionais de que você precise para as partes 1, 2 e 4, de modo que o tratamento fique completo.

Quando tiver todas as palavras necessárias reunidas, leia as quatro partes do tratamento na ordem, com cuidado e atenção, começando por declarar para quem o tratamento se destina. Agora, você está tornando pessoais e relevantes para a sua vida as idéias metafísicas ou espirituais.

Se quiser, você poderá copiar um ou mais tratamentos extraídos do livro num cartão 3 × 5 ou num pedaço de papel. Até ficar acostumado com as palavras usadas nos passos 1, 2 e 4, você poderá querer copiar o tratamento inteiro. Sempre comece com a declaração de que o tratamento é para você (ou para outra pessoa). Então, escreva as suas palavras para o passo 1, o reconhecimento, como foi descrito antes.

Copie o tratamento se quiser usá-lo tal como aparece no Apêndice, o que lhe dará os passos 2 e 3. Finalmente, escreva as palavras para o passo 4, a liberação, como está descrito.

Todos os dias, coloque um dos tratamentos em sua carteira, no seu bolso ou na sua bolsa. Várias vezes durante o dia, tire-o e leia-o. Faça isso de manhã e à noite antes de se deitar. Isso não deve interferir no seu sono. Pode mesmo ajudar a produzir uma experiência profunda e repousante. Essas questões são pessoais e você precisa experimentar o processo.

Se não obtiver uma demonstração, não desanime. Prossiga. Coloque todo o seu eu no tratamento. Não se restrinja a executar a técnica do tratamento; tente obter um sentido mais profundo da sua sintonia com a realidade una, com o Universal. Lembre-se, você é uma individualização do Uno. Reveja o tratamento a partir de diferentes ângulos; talvez, mude algumas das palavras. Utilize outro tratamento extraído do livro para se estimular, para estimular o motor de arranque.

Faça o seu trabalho de tratamento espiritual todos os dias. Ouça, medite, obtenha um sentido mais amplo da sua sintonia de unificação com o Grande Espírito. O que você é constitui o que existe. Você é apoiado e sustentado por isso. Seu corpo físico é realmente a figuração externa de um conjunto de idéias espirituais. Seu coração é o coração de Deus; sua mente é a mente de Deus. Deixe-me enfatizar de novo como é importante realizar um trabalho de tratamento diário e torná-lo parte da sua vida. O mundo está constantemente se manifestando contra o nosso bem e bombardeando-nos com negações. O trabalho espiritual diário permite-lhe permanecer desobstruído das sugestões negativas que vêm do mundo ao seu redor.

Continue o tratamento até alcançar o seu objetivo. Não pronuncie um tratamento espiritual dizendo: "Sei que Deus está por toda parte e que tudo está feito." Isso é verdade. Mas, lembre-se, é como se Deus ouvisse através da estática da sua dúvida, do seu medo e da sua crença sobre o que está se passando no mundo. O Grande Espírito ou a Mente infinita nem sempre ouve com clareza porque você está interferindo. Por isso, você faz o tratamento todos os dias para que essa interferência seja eliminada, de modo que você possa realmente atingir um sentido no qual você está em união com o Uno e mostra qual é o seu objetivo. Então, você saberá que acabou com um problema em particular e que poderá prosseguir com o tratamento espiritual a respeito de algo mais.

Tenha em mente que o tratamento de cura espiritual é uma arte e que faz duas coisas. Ele o afeta interna e externamente e ao mesmo tempo o ensina — ou, melhor ainda, o treina — para ser mais eficiente no seu pensamento e na sua aplicação, e mais fluente. O trabalho de tratamento espiritual que você realiza precisa fluir, e você se torna fluente ao se familiarizar com as palavras, com a linguagem, com as frases. Não importa que você as repita; você irá repetilas num momento diferente a cada vez, e elas irão ter um significado diferente para você. Cada vez que você faz o tratamento é um novo momento, cada tratamento é revigorado. Não repita as palavras como uma afirmação, de um modo rotineiro. Deixe que elas sejam repetidas, deixe que elas saiam como uma expressão de sentimento profundo. Você está estendendo a sua consciência de modo a obter uma percepção mais ampla e mais profunda do que é a verdade e do que você é enquanto expressão da verdade como ordem divina, como perfeita ação correta.

Todo esse trabalho que você realiza é uma expansão da sua percepção espiritual. Ele pode ser concebido como uma percepção em expansão do princípio da mente universal. É o trabalho de uma vida e é um trabalho maravilhoso. Isso é muito agradável, porque você verá, de tempos em tempos, as maravilhosas demonstrações do bem que você fará. Não em todas as ocasiões, talvez nem em todos os momentos, você terá manifestações imediatas de uma meta em particular, mas você as terá. Quanto mais você tiver e quanto mais puder ter, mais você terá. Isso se constrói sobre si mesmo.

Trabalhe continuamente rumo a uma compreensão mais profunda da verdade. Tudo o que é real já está dentro de você. Não é criado, mas revelado pela cura espiritual. Você precisa pôr para fora o talento inato que lhe é inerente. Tudo o que você precisa está dentro de você.

Diretrizes para um tratamento eficiente

Eu gostaria de concluir com algumas diretrizes para um tratamento de cura espiritual eficiente. Reveja com freqüência essas diretrizes e contemple o seu significado. Deixe que elas inspirem a sua prática de tratamento espiritual.

1. Saiba que exatamente no âmbito da *sua mente* está o seu contato com todo o poder que existe.

2. Não fique ansioso a respeito das vias ou dos canais ao longo dos quais o seu bem virá até você.

3. Sinta e saiba que o momento atual é um momento em que o movimento progressivo do Espírito, enquanto aquilo que você é, está adquirindo forma como novas experiências, atividades e relacionamentos.

4. Autorize o seu subconsciente a procurar e a neutralizar toda aceitação de frustração e de inibição a respeito daquilo para o qual você está se tratando.

5. Reconheça e declare firmemente que nenhuma sugestão de medo, de carência ou de desespero a respeito de qualquer situação, lugar ou pessoa pode ser aceita ou acreditada pela sua mente. Afirme que essas sugestões são apagadas pelas idéias da sua auto-suficiência, da sua capacidade e da sua contínua expressão criativa como manifestação da Inteligência universal.

6. Não permita que uma crença na onisciência de qualquer pessoa demore mais do que um momento na sua consciência sem um rápido tratamento localizado para obliterar essa sugestão.

7. Aceite a idéia de que um Poder maior do que você está em ação sobre o seu destino por meio do seu pensamento específico. Deixe suas concepções espirituais da vida dirigirem o seu pensamento e as suas palavras dentro da lei da mente criativa.

8. Afirme: Não deprecio a mim mesmo, mas aceito as minhas capacidades divinas.

EPÍLOGO

Não basta querer para fazer com que aconteça

Segundo o dicionário, o "pensamento anelante"* é um estado mental "no qual a pessoa, consciente ou inconscientemente, interpreta fatos de acordo com o que ela gostaria de acreditar". Penso que essa definição pode nos livrar de qualquer superstição a respeito de desejos e de sua realização, tudo desde atirar moedas em fontes, ou olhar para o interior de poços dos desejos ou quebrar o ossinho da sorte. No folclore e nos contos de fadas, você lê sobre desejos que se tornam realidade. Com freqüência, trata-se de uma pessoa a quem é concedida a realização de três desejos. O número três é o símbolo místico da realização. É sempre, de alguma maneira, o símbolo da completude, da realização ou da consecução. O desejo tem algo que ver com a concessão às pessoas de uma experiência de poder ou com a capacidade de receber e de vivenciar uma grande realização em sua vida. Lembra-se da Branca de Neve de Disney cantando "Basta Querer para Fazer com que Aconteça"?

Muitas crianças são instruídas com base nesse tipo de conto de fadas nos quais os desejos se tornam realidade. Essa é uma orientação errônea da sua consciência. Muito cedo na vida, ela começa a orien-

* Em inglês, *wishful thinking*.

tar o indivíduo em direção à irrealidade, não para a lei da vida ou para a lei da realidade, mas, em vez disso, para uma falsa concepção do que a vida é e do que a vida poderia ser. Desejar — seja no folclore ou nos contos de fadas ou na nossa própria experiência — é uma tentativa de controlar pensamentos e ações. É uma tentativa de pôr em ação forças para conseguir o que você deseja por meio de concentração mental e de coerção.

No entanto, há um lado positivo nessa idéia de desejar. Com freqüência, é um símbolo de união com a Fonte do bem, com o Poder e com a ação especial de uma Presença amorosa que é uma provedora abundante. Eu acredito que o desejo faz alusão a algo a respeito do qual todo este livro é uma ilustração. Reconhecemos que a união consciente com a Fonte, com a Vida e com o Poder divinos é uma herança e um direito nato da pessoa. Na realidade, isso não requer uma luta para ser atingido, uma vez que está latente no íntimo de cada pessoa. A meta suprema do ser humano é manifestar a totalidade e a divindade inatas do eu. Como temos visto, o resultado dessa experiência é uma transformação interior revolucionária. A experiência exterior sempre reflete o estado interior, e a cura é o resultado.

Quando interpretamos os desejos no folclore e nos contos de fadas, nas lendas e na nossa vida, como sendo o desejo pela percepção da Fonte única, então podemos entender a mensagem primordial que põe em funcionamento a consciência humana: mudança, mudança, mudança.

Quando você "deseja" a partir desse novo ponto de vista, suas prioridades mudam e você começa a sentir que a meta "real" para você é ter uma experiência de percepção espiritual aqui e agora. Inevitavelmente, o resultado será a obtenção de harmonia, paz e ordem divina em sua vida. O efeito exterior será sempre algum bem manifestando-se na sua experiência.

Com muita freqüência, perdemo-nos no mundo exterior dos sentidos, dos efeitos. É verdade que vivemos no mundo, trabalhamos com ele, usamos os seus fenômenos. Certamente, utilizamos a inteligência como ela é expressa na experiência humana. Porém, vamos usá-la e não ser usados e, depois, abusados por ela. O pensamento correto é o nosso objetivo. É o meio desejado, e ele atinge os fins corretos. É o pensamento a partir do ponto de vista de uma Inteligência criativa e do seu uso na nossa vida. Não precisamos reter pensamentos ou repetir afirmações. Eles podem ser úteis, mas não podemos esperar mudanças por meio de uma afirmação, mas apenas pensamentos cristalizados que são endurecidos ou congelados. É algo que você lê, vê ou diz da mesma maneira repetidas vezes. De início, é muito útil; na segunda repetição, é um tanto útil; na terceira rodada, não é assim tão bom. Quando você atinge a quarta ou a quinta repetição, está plenamente cristalizado, não está mais vivo. Eis por que é o fato de você *saber* a verdade que o liberta, e não o fato de você dizer a verdade. "Sabereis a verdade." Ela liberta onde declarações simples não conseguem fazê-lo. E a cura espiritual é um resultado do conhecimento da verdade.

Desejar um bem, ansiar por um bem no sentido de querer atingir um objetivo, é a necessidade arquetípica de expressar. Há idéias básicas no universo — idéias de Deus, idéias espirituais — que você pode rotular de "arquétipos". O Grande Espírito, Deus, está sempre se expressando, sempre criando. É por isso que a Inteligência universal recebe o nome de "o Criador". Em você e em mim, há uma necessidade arquetípica de se expressar. O Espírito sempre se expressa, e por isso é correto e natural para nós expressar o bem, a beleza, a totalidade, a harmonia, a alegria, a criatividade, o amor e uma ação que nos satisfaça.

É muito freqüente o fato de cedermos nossa vida às opiniões e às crenças dos outros; àquilo que chamamos de consciência coletiva; e aos nossos medos e respostas condicionadas. Então, esquecemo-nos de que o tempo está sempre maduro para a mudança e para uma experiência pessoal dos atributos espirituais. Quando tomamos a decisão de mudar o nosso pensamento e de transformar o nosso modo de vida, já estamos usando a lei do processo criativo dentro de nós. Então, algo de extraordinário acontece: mudamos do desejo esperançoso para um nível mais maduro de consciência, que se manifesta como entendimento espiritual. Essa é uma ação revolucionária interna e externa.

Tenho confiança no fato de que o seu contato com essa pequena oferenda da minha própria prática e da minha própria experiência possa ajudá-lo a atingir alguma realização do que você tem de especial, diretamente para uma vida realizada, saudável e feliz. A escolha é sempre sua; e nas palavras de um grande mestre: "Levante os olhos, e olhe para os campos; pois eles já estão brancos para a colheita."

Não basta querer para fazer com que aconteça, mas uma consciência transformada o fará. Tome de volta a sua vida e seja livre!

APÊNDICE

Terapia espiritual

EU SOU A SAÚDE

Há um princípio de totalidade no universo. Ele está sempre presente, sempre se expressando por meio de um cosmos de idéias espirituais. Estas formam a minha vida agora. Cada órgão, função e ação expressam esse princípio de totalidade.

Meu potencial para expressar e para viver a totalidade é contínuo. Uso a lei da criatividade de um modo positivo, construtivo. Reconheço que esse princípio é a substância e a essência do meu ser. Venho da totalidade e vivo na totalidade. A totalidade é o princípio da minha vida. Sou a representação externa da harmonia e do bem-estar.

Nada no mundo das condições pode romper ou perturbar essa ordem e ação perfeitas. Toda crença nos nãos da vida — as opiniões e as aceitações da experiência humana e as concepções das assim chamadas autoridades — é dissolvida.

Vejo a mim mesmo como a perfeita manifestação do princípio da totalidade. E ele agora é exibido através de cada aspecto do meu ser físico. Regozijo-me nessa verdade da minha perfeita natureza.

ESTOU LIVRE DE TODA AFLIÇÃO

Há um princípio de paz no universo. É a ordem divina e a perfeita ação correta do ser. Nele eu vivo, me movimento e tenho o meu ser. Expressando-se através de mim, ele se move de uma maneira calma, serena e equilibrada como o meu eu isento de tensão. Jamais poderei ser separado dessa ação universal. É o infinito expressando-se como o princípio do amor. Sei que essa é a atividade sustentadora, mantenedora da natureza dadivosa do Poder e da Presença universais. E sei que sou sempre apoiado por ela.

O que quer que em mim esteja focalizando a separação com relação a esse bem infinito; o que quer que esteja focalizando pensamentos, imagens ou sentimentos negativos, afirmo que é dissolvido por meio desse conhecimento espiritual. Sou um claro centro da consciência da beleza, da ordem, da harmonia e da alegria. Não há *stress* nem tensão nessas qualidades nem em mim. Encontro-me em estado de paz e de serenidade em todas as ocasiões. Onde quer que eu esteja, o que quer que eu faça, esses atributos do Divino se manifestam em mim. Faço as minhas obrigações com tranqüilidade. Encontro-me num estado de equilíbrio espiritual. Olho para a vida com visão clara baseada em verdades espirituais. Vivo com paz e amor no coração, e todos os meus caminhos estão bem.

ESTOU EXALTADO E AFIRMO A VIDA

Há vida expressando a si mesma no universo. É Deus, bem, criatividade e amor infinitos. Ele está sempre se manifestando por meio de uma criação de idéias espirituais. Estas são a substância de coisas em que temos esperança e a evidência de coisas ainda não vistas. São a própria essência da minha natureza e se expressam através de cada aspecto do meu ser.

Em mim não existem ações negativas, depressivas, negadoras da vida. Pois o meu "eu" é a constante atividade da Vida Divina, que se move para a frente e que olha para a frente. Reconhecendo essa verdade do ser, aceito a mim mesmo como vivendo sob a bandeira do Divino e nunca fora da sua presença protetora. Portanto, todos os sentimentos de ser deixado sozinho, do lado de fora da vida, privado de qualquer apoio por parte do universo, são dissolvidos graças a essa percepção e a essa aceitação espirituais. Não estou deprimido nem desesperado. Todos os pensamentos e sentimentos negativos estão agora eliminados e descartados. Minha consciência é clara. Estou livre de tudo o que me impediria de pensar claramente.

Hoje é o meu dia de novos começos. Aceito as possibilidades da minha natureza divina. Não olhando mais apenas para a figura humana, vejo-me como parte de uma cena mais ampla e de um cenário mais feliz. Regozijo-me nas maravilhas da vida e na minha experiência dessas maravilhas. Não existe nada dentro de mim ou à minha volta que possa me puxar para baixo. Tudo conspira para que eu caminhe para a frente e para diante rumo a uma grande realização. Recebo o bem e dou o bem a todos. Minha vida é uma ação feliz, e estou em paz comigo mesmo e com o meu mundo.

TENHO UM CORPO PERFEITO

Há um só corpo. Ele é espiritual. É perfeito em cada órgão, tecido e função. Esse é o meu corpo agora, e é o único corpo que eu tenho, que eu posso ter ou que terei.

Esse conhecimento me liberta de qualquer crença num sistema dualista: duas mentes — espiritual e humana; dois corpos — espiritual e físico; dois modos de vida — o espiritualmente harmonioso e o materialmente desordenado. Aceito a minha liberdade como a função perfeita da Causa divina una. Essa fonte de vida é a Mente criativa. Essa Mente cria os aspectos físico e material "daquilo que eu sou".

Portanto, sou uma continuidade das idéias espirituais de vida, de totalidade, de vigor e de circulação. Não existe um outro eu, e nada que eu possa reivindicar como meu, exceto a saúde da Fonte única tornada visível.

As opiniões e as crenças da humanidade não têm o poder de me reter. Eu as dissolvo com o solvente da verdade. Repouso na certeza do bem-estar. Minha vida está em andamento e o meu corpo é o templo da vida.

MINHA CIRCULAÇÃO É EFICIENTE

A vitalidade do Espírito circula como o meu mundo de causa e efeito; por isso, exibo grande vigor para responder à altura a cada aspecto da minha vida e dos meus assuntos. Nada pode me desarmar dessa verdade, uma vez que estou rodeado por um mundo silencioso de idéias inteligentes. Esses impulsos divinos emergem do meu interior como a própria criação do meu universo de coisas e de relacionamentos.

Hoje, aceito a circulação eficiente da ação divina na minha vida, e meus membros estão em segurança na verdade. Tudo de que preciso para o livre fluxo das energias do Espírito uno agora se revela. Não existe dor, falta de circulação ou circulação ineficiente; entendo que aquilo que me apóia vem do Grande Invisível.

Nada retira, direciona erradamente ou inibe a liberdade de ação correta na minha experiência. Reconheço a minha personificação da atividade infinita. Sei que sou o fluxo que entra e a vazão da vida feliz, e o Poder divino atua de acordo com isso.

Hoje, aceito completamente as idéias espirituais como sendo a eficiência circulatória da minha vida.

A ENERGIA É A MINHA NATUREZA

Desenvolvo-me desde um fluxo infinito de energia. É a atividade da Mente criativa. Aceito essa força como a base da vida e da minha vida, sempre; portanto, nunca estou fora da energia. Não posso ficar esgotado pela experiência de desafios perturbadores, de conflitos aparentes ou de confusão. Estes não têm poder sobre o meu destino. Eu os rejeito inteiramente como facetas de um pensamento distorcido.

Raciocino a partir do ponto vantajoso da verdade. A ordem divina e a ação perfeita se expressam continuamente através de mim e como experiência minha. Nunca sou uma vítima dos sistemas de crença da mente comum. Percebo a vida por meio do sentido espiritual da harmonia e do bem-estar que se manifestam momento a momento em todas as minhas atividades.

Aceito uma irrupção maravilhosa de energia inteligente como o resultado desse pensamento límpido. Regozijo-me com o movimento da Mente através do meu mundo. Estou satisfeito com os resultados do meu trabalho espiritual. Cada dia é uma exposição da energia divina do Espírito, e eu estou em paz.

DESFRUTO A VIDA

O Espírito exuberante deleita-se em mim. Estou cheio de uma alegria espontânea que todos podem sentir. Onde quer que eu vá, o que quer que eu faça, a atividade alegre da vida se expressa. Estou contente comigo mesmo e com o que o Espírito realiza como aquilo que eu sou.

As ruínas dos velhos bancos de memória da perda, da carência ou da limitação são totalmente demolidas por essa palavra. Os padrões restritivos dos dias passados e das velhas maneiras de pensar não existem mais. Vejo a mim mesmo como uma infinita idéia de equilíbrio, de criatividade e de invenção. Não repito o passado. Sou um ponto de vista revigorado através do qual as energias criativas fluem com tranqüilidade. E Deus me vê e diz: "Olhe, é muito bom."

TENHO AMOR E RELACIONAMENTOS SATISFATÓRIOS

O amor é um princípio no universo do qual não posso ser separado. O amor está se manifestando através de mim, transpirando de cada poro do meu ser. Mentalmente, emocionalmente, espiritualmente, fisicamente, esse amor derrama-se de mim, emana de mim para todo o universo.

[Para uma pessoa em particular (dê o nome dessa pessoa) que está aparecendo no seu mundo agora, acrescente:]

Reconheço que esse mesmo princípio se expressa através de João ou Maria, que reconhece o eu real e se relaciona comigo sem medo de rejeição, sem nenhuma hesitação. Relaciono-me com João ou Maria sem medo de rejeição, sem sentimentos negativos de qualquer tipo.

Há perfeita ação harmônica se processando e perfeita inter-relação de amor expressando o princípio uno do amor. Qualquer coisa dentro de mim que tentar perturbar essa ação devido a alguma carência de amor na minha juventude, ou a algum abuso relacionado com amor em qualquer ocasião da minha vida, agora é neutralizada, dissolvida e liberada, indo-se para sempre graças a esse reconhecimento de que há um único Amor, de que o amor é Deus ao meu redor e dentro de mim, movendo-se através de mim durante todo o tempo e manifestando-se no meu mundo, e trazendo para dentro do meu mundo aqueles que podem sentir isso e expressar emoções semelhantes com relação a mim com liberdade e tranqüilidade.

ABANDONO O MEDO

O medo não pode me manipular. Vejo claramente todo o panorama da minha existência. Entendo que tudo o que eu pareça temer é um sinal para a ação. Assumo a correta postura de pensamento e derrubo toda sugestão de medo. O medo é reconhecido como aquilo que ele é: uma resistência aos desafios da vida, de maneira específica e geral. É espírito afirmativo voltado para dentro, que eu libero mentalmente, emocionalmente, fisicamente.

Aceito as tarefas da minha vida. Não rejeito a minha individualidade. Sei que a Mente una me oferece a orientação de que preciso para satisfazer cada momento da minha existência. Todo relacionamento e cada atividade estão repletos com um cuidado e com um compromisso pessoal e especial. Não estou sozinho. Sou sempre apoiado pelo Grande Espírito, o fundamento de todas as coisas.

Louvor e ação de graças fluem do meu ser continuamente. Sou para sempre grato ao princípio vital pela sua constância, provisão e apoio. Onde quer que eu esteja, sob qualquer rótulo que a situação possa ostentar, regozijo-me no Espírito uno, que fala através de mim. Esse reconhecimento da verdade elimina para sempre as quimeras do medo que poderiam perturbar a minha vida, e sou libertado e completamente livre.

TUDO ESTÁ BEM COMIGO

Há somente um Poder, uma Presença, uma Mente, um Deus, infinito e eterno, e essa Mente é a minha mente agora. Sou um centro individualizado desse grande princípio mental universal. Deus é a essência de tudo o que existe, e eu sou a essência que se tornou manifesta. Tenho no meu interior todos os atributos de Deus, e como tal nunca estou sozinho, nunca tenho medo ou nunca estou infeliz. Exatamente agora eu incorporo o amor, a felicidade e o contentamento. Tenho dentro de mim o entendimento e o conhecimento espirituais para escolher o que é para o meu bem supremo, permitindo que eu me expresse do modo mais pleno. Tenho uma perfeita assimilação, uma perfeita circulação e uma perfeita eliminação. Não há sentido de confusão ou de desordem operando através da minha consciência. Há somente paz, bem-estar e harmonia expressando-se no meu ser. Esta palavra é liberada dentro da lei da mente com aceitação e gratidão por estar tudo bem na minha mente, nas minhas emoções, no meu corpo e no meu mundo.

O ESPÍRITO É MARAVILHOSO DE SE CONTEMPLAR

O Espírito aborígine está sempre cantando sua canção através de mim. Ele é a harmonia original que criou os fundamentos do mundo.

É a base de todos os pensamentos. É a Mente una de Deus, cantando e falando continuamente.

Ouço essa voz do Grande Espírito e não temo mais a verdade nem duvido dela. Não sou vitimado por uma consciência limitada. Nunca profanarei a beleza, a ordem e a sabedoria da Mente que se expressa como aquilo que eu sou. Aceito o destino divino da minha vida como a ação de Deus. Aceito todo o potencial da beleza e da substância infinitas como o suprimento contínuo da minha vida. Ele é o amor exibido ao longo de toda a criação, e eu me regozijo com a sua manifestação.

Hoje, sou uma percepção renovada da verdade do ser. Hoje, vivo num mundo especial de paz e bem-estar. Hoje, deixo as energias divinas fluírem ininterruptamente através do meu ser. A resistência à totalidade, ao equilíbrio e ao bem-estar é dissolvida na minha nova consciência. Como eu sou feliz por conhecer essas verdades como fatos concretos e palpáveis! Vivo num estado de demonstração. Saboreio idéias espirituais que alimentam a minha vida. Comprazo-me nas obras de Deus exibidas por mim. Repouso com segurança na Vida una que se mostra através da minha experiência. É a presença de Deus por toda parte exibida como o meu mundo.

VIVO COM LUCIDEZ

Hoje, esclareço o meu conhecimento mental por meio do reconhecimento da Mente una. Esse conhecimento espiritual é uma comunhão interior com o Divino. Cada momento dessa experiência purifica a minha consciência e gera novas introvisões.

Compreendo que eu não sou um alvo para as crenças e as opiniões de outras pessoas. Mantenho a minha integridade espiritual e mental. Aceito essa percepção e esse entendimento como o suprimento de tudo o que eu poderia necessitar. É uma experiência de bem-estar, de harmonia e de alegria.

Cada pessoa que entra em contato comigo sente um novo gosto pela vida. Sou uma energia de cura que transforma as distorções dos sistemas de crença negativos do homem. A aceitação desse revigorado movimento do pensamento traz consigo uma paz interior que precisa tocar o mundo. Vejo agora a vida exibida em toda a sua grandeza através da minha vida pessoal. Cada relacionamento é harmonizado por esse conhecimento, e a paz que transmite todo o entendimento é convertida numa realidade amorosa.

De momento a momento, desfruto de mim mesmo e do meu mundo. Onde quer que eu esteja, aonde quer que eu vá, o que quer que eu faça, estou atento à minha sintonia com o Grande Espírito. Essa percepção se manifesta como relacionamentos harmoniosos com todos e com tudo. Quem quer que olhe para mim percebe instantaneamente a integridade do meu ser. Vivo como uma testemunha da realidade única, manifestando alegremente a vida. E ingresso na novidade de cada dia com tranqüilidade e alegria.

ESTOU SEMPRE CENTRALIZADO

"Cada ser está provido de tudo o que é necessário em cada idade": esta é uma afirmação que eu aceito. Essa é uma verdade que proclama a verdade do ser. Deus nunca se retira da sua criação.

Portanto, estou em paz. Libero-me à lei do bem contínuo. É a evidência de uma mente que é sempre provedora. Não sou uma vítima de desolados pensamentos de dúvida, de insegurança e de medo. Aceito o meu passado como parte de um processo de aprendizagem pelo qual me superei em crescimento. Não visito mais os salões do antigo ponto de vista. Vivo num revigorado momento da eternidade. Vejo todas as coisas renovadas, plenamente vivas, as expressões da Mente. Ingressando em novos estados e estágios de consciência em desenvolvimento, não sou um processo de aprendizagem ou de realização. Sou uma experiência de desenvolvimento e de observação: para onde quer que eu olhe, o que quer que eu veja, a influência divina é reconhecida. Beleza, harmonia e paz residem sempre dentro da minha consciência e se projetam como o meu mundo.

Hoje, regozijo-me no suprimento contínuo de um eterno Provedor. Eu nunca estou sem o meu bem, uma vez que ele é Deus manifestando-se sempre como amor no meu mundo. Regozijo-me na saúde mais vigorosa — sempre presente e em progresso. Regozijo-me na experiência de sustento da substância — suprindo todas as minhas necessidades e anseios de uma vida confortável. Regozijo-me numa mente límpida — expressando-se continuamente como a minha consciência da inteligência e do equilíbrio. Esse é o caminho da lei eterna, e eu sou grato.

ESTOU SEGURO

Vivo imperturbável diante das opiniões, das crenças e do julgamento das pessoas. Sei que a minha fonte do ser e do viver está além e acima da manipulação. Ela é constante, segura, permanente.

Escolho o meu modo de vida entendendo suas razões espirituais. Portanto, a dignidade das minhas decisões é inconteste e incontestável.

Aceito apenas relatos bons e construtivos a respeito de mim mesmo, seja no trabalho seja no lazer. Exijo de mim mesmo os mesmos padrões elevados quando penso a respeito de outras pessoas.

Deleito-me com o fato de ser uma pessoa segura. Não há impulso para a ostentação ou para a vaidade. A vida é uma aventura descontraída, e eu deleito-me com ela.

Exibo diariamente as qualidades divinas do amor, da alegria e da inteligência em tudo o que faço.

O meu modo de vida é belo. Tudo o que se refere às minhas ações, atividades e relacionamentos partilha da magnificência da beleza divina. Esse é o equilíbrio de Deus, vivenciado como aquilo que eu sou e o meu mundo das condições. Tudo o que penso, faço e digo é predicado sobre o amor. O meu mundo é uma alegria de se olhar.

MINHA VIDA É BOA

Vivo na expectativa do bem. De momento a momento, vejo minha vida expandindo-se como ordem divina e perfeita ação correta. Tudo de que preciso para o meu desempenho existe como uma idéia espiritual. Tenho agora idéias harmoniosas numa forma palpável e física.

Nada há no universo que seja destrutivo. Nada há que possa deter o divino processo da evolução. Qualquer pensamento ou opinião negativos a respeito da minha vida, e que espreitam no inconsciente, agora são neutralizados e dissolvidos. Estou plenamente aberto ao movimento progressivo da Vida Divina conforme ele se expressa no meu mundo pessoal exatamente agora.

ESTOU ESPIRITUALMENTE DESPERTO

Existe um Poder e uma Presença que é um bem total, sempre se expressando por meio da vastidão da criação. Ele se manifesta em toda a vida, e se expressa como aquilo que eu sou. Por isso, exibo e projeto a beleza, o equilíbrio, a criatividade e a ordem divina do Espírito supremo.

Pensamentos de erros passados de omissão ou de execução agora são dissolvidos nesse reconhecimento espiritual. É minha uma nova percepção da presença sustentadora do Divino. Caminho para a frente no âmbito de uma experiência revigorada de amor, de liberdade e de alegria. E isso é constatado em cada área da minha vida.

CUIDO DA MINHA VIDA

Neste dia e em todos os dias vivo como uma experiência da Mente eterna que sempre está se revelando por meio de idéias novas, revigoradas e maravilhosamente criativas. Expresso o maravilhamento do universo como a minha capacidade de perceber claramente, de entender espiritualmente e de agir sabiamente.

Cuido da minha vida. Escolho a qualidade e o estilo da minha experiência. Vivo como um exemplo do que a Mente pode fazer e do que ela faz por meio do homem desperto.

Cada momento da minha vida está cheio do arrebatamento de uma beleza inefável. Minha alegria de viver extravasa para todas as pessoas que encontro. Sou um momento de louvor e de ação de graças para todos os que me encontram. Pronuncio palavras de sabedoria, e elas constituem uma realidade viva na minha vida. A virtude de fazer felizes descobertas prevalece quando me encontro por acaso com aquelas pessoas, lugares e eventos que trazem satisfação aos anseios do meu coração.

Vivo em estado de expectativa. Sou enobrecido, enriquecido e melhorado pelo poder de Deus dentro de mim.

VIVO NO AMOR

Eu existo num estado de infinita receptividade, que pode e está disposta a me levar para além das águas paradas.

A paz e o amor desse cuidado infinito é a paz e o amor da minha vida hoje. Aonde quer que eu vá, quem quer que eu encontre, o amor único de Deus está aparecendo como forma. Se sinto medo, angústia ou desespero, sei que o amor aconchegante do Eterno está calmamente à espera do meu pensamento. Se sinto grande alegria, felicidade, afeto, estou testemunhando a minha abertura ao calor e ao terno cuidado do Infinito.

Regozijo-me no grande amor de Deus por mim. Sei que cada passo do meu caminho é apoiado pelo sábio conselho das idéias criativas. Amo com o amor de Deus, e sou amado por todos no magnífico universo de Deus.

Hoje, eu entendo que o amor é a realização da lei. Compreendo que minhas declarações da verdade estão nessa lei onipotente. Aceito a sua realização como minha experiência momento a momento, exatamente agora e para todo o sempre.

MEU SALTO QUÂNTICO

Hoje, minha consciência se desloca para uma percepção espiritual mais profunda. Dou um salto quântico para dentro de um maior conhecimento do Espírito uno como sendo a minha vida. É minha uma nova liberdade. Contribuo alegremente para a vida e respondo com receptividade à efusão de bem por parte da vida. Minha atitude com relação à vida é entusiasta. Respondo a cada desafio com equilíbrio e com um sentimento de domínio. A Mente criativa me supre com toda idéia espiritual de que necessito para a realização, e vivo em abundância e com alegria. Este é o meu dia de demonstração, quando o Espírito profuso se expressa mais plenamente no meu mundo.

VIVO COM ALEGRIA

"Este é o dia que o Senhor fez; me alegrarei e estarei contente neste dia."

Esta verdade é o tema da minha vida. A cada dia eu ingresso numa percepção maior da luz, da vida e do amor de Deus. É a presença sustentadora e mantenedora de minha vida, e é muito boa.

Enfrento cada sugestão de limitação vinda do mundo da crença e do temor humanos. Olho para além dos fatos aparentes da sugestão física e para o interior das verdades fundamentais da minha existência. Por intermédio dessa ação, todas as dúvidas e dificuldades se dissolvem. Tenho uma experiência renovada e regenerada. É a vida mais abundante, e é a minha vida agora.

VIVO EM SERENIDADE

Há uma vida de serenidade, de tranqüilidade, de ordem e de ação correta. É a vida do universo. É a vida de cada ser humano. Essa vida é a minha vida agora. Eu existo no momento da auto-expressão de

Deus. Tudo a meu respeito é uma individualização do Estado do Ser divino. Não posso pensar ou sentir de nenhuma outra maneira diferente da do modo divino.

O que quer que pareça causar-me aflição, ansiedade ou medo é reduzido a uma sugestão ineficaz graças ao entendimento da presença incessante do amor. Sei que o bom Deus único paira sobre tudo, permeia tudo e se expressa em tudo. Portanto, estou em paz e todos os meus caminhos são corretamente motivados.

Nenhum medo me assalta, nenhum germe infeccioso me aprisiona, nenhum desgoverno emocional me subverte. Caminho pela vida como o resumo da ordem divina e da ação mental correta. Cultuo a mais elevada concepção de mim mesmo vivendo como uma expressão de serenidade e de segurança sempre em expansão. Expresso paz para o mundo e para mim mesmo.

VIVO NA ORDEM DIVINA

A ordem infinita que expressa o princípio cósmico da vida está ao meu redor e dentro de mim. É uma contínua operação de inteligência, de harmonia e de criatividade. Desde as profundezas do meu ser até os aspectos mais externos da minha existência, a perfeita ação de Deus está sempre em ação. Nesse processo criativo, tudo de que eu poderia necessitar existe. Reconheço essa verdade e vejo a vida realizada como a expressão da minha vida exatamente agora.

Quaisquer experiências passadas de uma natureza negativa não me influenciam mais nem me manipulam. Meu reconhecimento da Fonte única do bem elimina instantaneamente qualquer coisa que poderia limitar a minha visão da vida. Hoje, aceito a mim mesmo como uma expressão da beleza, do equilíbrio e da ordem do Espírito. Regozijo-me no bem que é meu. Estou em paz e estou muito bem.

MINHA VIDA É MAGNÍFICA

Aprecio a mim mesmo. Entendo que sou um produto da magnificência do universo. Sou construído criativamente a partir da substância da beleza, da verdade e do amor. Sou esse amor que se tornou visível. Todos os meus caminhos estão repletos com a energia, a presença e a ação do amor.

Neste dia, reivindico minha liberdade de crescer, de experimentar, de expressar a maravilhosa ação de Deus. Não me submeto mais às cansadas idéias do passado. Não me sujeito mais às limitadas concepções de vida. Não sou uma vítima da mente das massas, com seus temores e fraquezas. Deixo a lei subconsciente funcionar, e toda negatividade dentro de mim ingressa num padrão que se autodestrói. Permaneço um límpido canal para idéias positivas e edificantes. Elas constroem a minha vida e mantêm o meu viver global e harmonioso.

Agora, regozijo-me num novo entendimento do Magnífico que se expressa como aquilo que eu sou. O meu mundo é jubiloso. Sou amoroso, atraente, amável e amado. Sigo em frente, feliz como pessoa observada por Deus.

ESTOU EM UNIÃO COM O UNO

Sei que cada dia da minha vida é uma oportunidade para a realização. Não me aceito como um ser humano limitado vivendo sob a lei da mediocridade. Sou um filho do universo, uma expressão de Deus, e reflito um potencial infinito para o bem.

As opiniões e as crenças do mundo não me perturbam nem interrompem o meu movimento para a frente na vida. Entendo claramente a minha conexão com a realidade única. Aprecio o fato de que essa união é inseparável e indestrutível. Sei que sou continuamente apoiado pela Presença e pelo Poder amoroso do Altíssimo. Sou grato à vida pelo potencial infinito e pela possibilidade de ser que são meus.

TODO PODER É MEU

Venho de uma maravilha cósmica que sempre cria novas idéias e as processa como forma. Essa Mente infinita é o meu abundante recurso, e regozijo-me em tudo o que Deus pode manifestar por meu intermédio.

O crescimento pessoal, o autodesenvolvimento, a expansão da percepção são os temas da minha vida. Não presto atenção aos gritos dos descontentes que ressoam através das crises da humanidade. Minha vida é segura. Meu suprimento é substância espiritual ilimitada. Vivo como um exemplo de como a vida floresce na pessoa da percepção de Deus.

Neste dia, aceito o poder e a criatividade que manam da fonte do Espírito. Recebo livremente e livremente dou da energia que é perpetuamente minha. Nunca esgoto o meu suprimento de idéias espirituais. Estas me proporcionam tudo o que eu poderia provavelmente necessitar para a realização e para uma vida de satisfação. A inteligência, o amor e a ação jubilosa do cosmos me sustentam. Sou uma atividade eterna. Essa é a minha herança e o meu destino. Como sou grato por ser o filho do universo: abençoado, próspero e em paz!

SOU SUSTENTADO POR UM PODER SUPERIOR

A ação do eterno princípio da vida é tudo o que existe. É um bem absoluto, uma harmonia absoluta, uma beleza absoluta, uma alegria absoluta. Vivo nessa grande ação do Divino e expresso a sua natureza de todas as maneiras.

Na área da saúde, manifesto a totalidade, a integração e o equilíbrio do Espírito, que aparece agora como a força do meu bem-estar. Na área do suprimento, a eterna substância do Espírito universal me apóia e me sustenta em todas as ocasiões e em todas as situações. Minha prosperidade está garantida. Na área dos relacionamentos interpessoais, sou um produto desse amor que está sempre se movimentando através do universo. Portanto, experimento e expresso cuidado, preocupação e compromisso para com outros e para com a vida. Na área da auto-realização pessoal, eu sou essa ação em andamento da vida que está sempre se desdobrando através de magníficas idéias espirituais como cosmos. Essas idéias ajustam a minha capacidade de criar, e elas se movimentam através de mim sem limitações ou restrições.

Vivo a vida de Deus em ação perfeita e harmoniosa. Essa verdade e o meu entendimento me fazem feliz ... e eu me regozijo!

HÁ SOMENTE UM PODER

Reconheço o poder e a presença de Deus como a própria essência do meu ser. A natureza divina me circunda, me envolve e me apóia momento a momento. Não posso jamais fugir desse abraço divino. Portanto, vivo na luz e no amor do Espírito universal em todas as ocasiões.

Louvo o bem que é meu. Reconheço uma ordem divina revelada através de cada experiência e de cada relacionamento. Entendo quem e o que eu sou. Expresso amor e boa vontade para todos os seres. Em troca, recebo o amor de Deus através de cada pessoa e de cada coisa no meu mundo. E me regozijo com isso!

VIVO UMA VIDA ALEGRE

Estou impregnado pelo espírito deste dia. Ele me sustenta ao longo de cada momento da minha vida. Pois a própria vida é o Poder sustentador e criativo. Existo para exibir a beleza, a profusão e a benevolência da divina Presença.

Hoje, desfruto do meu eu. Aprecio cada aspecto da existência. Aceito cada nuance da "alegre cosmologia". Os pensamentos negativos e depressivos são dissolvidos nessa revigorada perspectiva descortinada sobre a vida. Louvo a vida. Aprecio a vida. Vivo no momento do Divino *agora*. Cada atividade está preenchida com a bondade da natureza original. Sou grato pela vida, e estou feliz.

O futuro está cheio de promessas. O passado é liberado com naturalidade. O presente é vivido com exuberância. Todos no meu mundo sentem a alegria e o entusiasmo que emanam do meu ser. Cada dia é um começo glorioso. Olho para a frente, para as oportunidades que o pensamento criativo traz consigo. Recebo as dádivas do Espírito em relacionamentos harmoniosos, tranqüilo na realização das minhas metas e do meu completo desempenho. Permaneço seguro no entendimento dessas verdades. Estou em paz e no amor com o meu eu.

PENSO COM CLAREZA

Há uma Inteligência criativa no universo. Vivo, movimento-me e respiro nessa ação dinâmica. Tudo o que eu poderia exigir para uma vida harmoniosa já existe nessa mente dinâmica.

Hoje, vejo a minha vida como uma perfeita representação de idéias espirituais. Não sou uma vítima de pensamentos, opiniões ou crenças negativos — quer provenham de mim mesmo ou da consciência de outras pessoas. Vivo sob a égide do meu pensamento correto. Por meio da ação subconsciente da mente, esse pensamento produz um novo mundo de experiências. E isso é muito bom.

CAMINHO PARA A FRENTE

Há uma só Vida; essa Vida é Deus, essa Vida é perfeita, essa Vida é a minha vida agora. Conhecendo a minha natureza divina, estou sempre no lugar certo e no tempo certo para o desenvolvimento posterior do meu bem pessoal. Sou guiado e dirigido a partir do interior, e por isso dou os passos certos em direção à realização do meu ser.

Nada existe ao meu redor ou dentro de mim que possa impedir a minha evolução pessoal. Quaisquer que sejam as opiniões ou as crenças negativas que eu mantenha a respeito do meu passado, do meu presente ou do meu futuro, elas agora são liberadas e dissolvidas do meu mundo de experiências. Caminho para a frente, para novos estágios de desenvolvimento pessoal. Sou alegre, livre e realizado.

VIVO NO POSTO DE OBSERVAÇÃO DA OPORTUNIDADE

Aceito a minha vida como uma força positiva para o bem. Sei que sou apoiado pela energia divina do Espírito. Meu pensamento construtivo produz continuamente uma experiência de vida em expansão. Tudo isso reflete o bem absoluto da substância e do suprimento universais.

Olho para a frente, para os novos desafios deste dia. Vejo cada um deles como uma oportunidade para esclarecer o meu pensamento. Tenho uma visão revigorada do meu papel na vida como uma pessoa que toma decisões. É esse o meu destino e o meu contínuo privilégio como expressão de Deus.

Este dia é um grande dia, pois nele reconheço a minha identidadade espiritual e afirmo o meu bem-estar divino.

SOU GRATO

Há um grande plano cósmico para o universo. Ele se expressa como um princípio evolutivo que se manifesta na progressão harmônica da vida. O princípio vive em mim e se projeta como o meu crescimento pessoal e o meu desenvolvimento espiritual. Sou inspirado pelo Poder e pelo princípio do Ser jubiloso, que habita o meu íntimo. Afirmo sua natureza com louvor e ação de graças. Em minha vida, ele aparece como um movimento de generosidade e de suprimento ilimitados. Sei que sou continuamente apoiado por essa ação criativa, e minha experiência é ordenada e harmoniosa.

Na aceitação desse poder doador da natureza divina, encontro-me transformado internamente e manifestando externamente uma vida de bem-estar, de totalidade e de bem abundante. Estou feliz e em paz com meu mundo.

VIVO ESTE DIA

Hoje, aceito a mim mesmo como um projeto de amor. O Grande Inspirador do universo me fornece tudo o que eu poderia precisar: um mundo em expansão de relacionamentos harmoniosos, de atividades criativas e de experiências inspiradoras. Meu mundo é uma expressão do Grande Espírito, e me regozijo por viver o que Deus esmeradamente elaborou.

Os temores do passado não me manipulam mais. Os julgamentos de outras pessoas não me vitimizam mais. Libero o passado e os seus fantasmas e afirmo um mundo presente de idéias amorosas e vitalizantes. Estas constroem a minha nova consciência e a minha nova experiência. Amo a minha vida. Aceito o meu novo mundo de vida criativa. Sou alegre, feliz e livre.

Hoje, eu crio o meu novo mundo. Na mente, na emoção, no corpo físico e na arena da experiência humana vejo os símbolos de idéias espirituais ilimitadas. Estas fazem parte da Intuição cósmica e precisam atingir a experiência por meio da expressão. Sou essa maravilhosa expressão de Deus e todas as minhas experiências pessoais refletem a beleza divina agora e para todo o sempre.

AUMENTO AO MÁXIMO O MEU POTENCIAL DIVINO

A presença e o poder de Deus se manifestam por toda parte. Vivo plenamente, ricamente e alegremente nessa fartura infinita. Cada momento do meu dia está impregnado pela substância de Deus. E, à medida que as idéias espirituais proliferam na minha consciência, elas se tornam concretas e tomam forma na minha vida e nos meus assuntos.

Agora, aumento ao máximo esse potencial divino para o bem graças a um pensamento límpido e correto. Reconheço e afirmo esse princípio de suprimento cósmico. Essa é uma atividade incessante na minha experiência. Caminho para a frente com um novo gosto pela vida. Em todos os sentidos, prospero e sou libertado.

RECONHEÇO A MINHA CONEXÃO DIVINA

Sou uma expressão da Inteligência criativa universal. Ela produziu a minha evolução até este ponto de desenvolvimento pessoal. É o Grande Poder Sustentador que me conduz pelo resto do caminho.

Estou mergulhado nesse princípio do bem, que sempre me nutre e me abastece com tudo o que eu poderia precisar ou desejar para a realização. Nunca sou confundido ou perturbado pela minha experiência de vida. Reconheço que a Inteligência que se move através da minha mente me permite ver com clareza e tomar as decisões corretas.

Compreendendo a minha ligação com a Mente una, aceito a mim mesmo como uma expressão equilibrada e integrada da natureza divina. Quaisquer padrões subconscientes vindos do passado, e que tentam romper o presente, são agora apagados por meio deste tratamento. Caminho para a frente com liberdade e tranqüilidade rumo à minha próxima experiência de vida.

SOU DIGNO DO MELHOR

Há um Poder e uma Presença para o bem no universo que me apóiam de todas as maneiras. Eles me inspiram, expandem a minha percepção dos potenciais e das possibilidades e me motivam a olhar para a frente. Neste dia, aceito a mim mesmo como digno do melhor, e vivo no auge da realização.

Nenhuma opinião ou crença negativa a respeito de mim mesmo podem romper minha economia pessoal. Minha auto-estima está enraizada no entendimento espiritual. Não sou um ego inflado, mas um ego em perfeito equilíbrio e harmoniosa expressão de si mesmo.

Aonde quer que eu vá, o que quer que eu faça, a atmosfera está permeada pela ação correta e pela ordem divina. Cada dia é preenchido com a beleza e com a glória da Presença divina expressas através de mim.

É MINHA A SABEDORIA

Há uma única Mente, um só Poder, uma Ação perfeita operando dentro e através de mim e como a minha vida. Regozijo-me no brilho de Deus que se manifesta através de mim. Minha mente é límpida. Minhas ações são guiadas pela sabedoria, e cada dia é uma experiência de realização e de alegria.

O Grande Espírito se realiza por meio da minha experiência de vida criativa. A cada momento, percebo a mim mesmo como um centro de operação divina. Minha consciência é inventiva, perceptiva e cheia de introvisões. Em todas as ocasiões, sei o que fazer e como fazer. Minha atitude para com a vida está sempre na expectativa do bem, do belo e do verdadeiro. Estou tranqüilo no meu conhecimento espiritual e regozijo-me na benevolência de Deus, que se expressa através de mim.

SOU ESPIRITUALMENTE REALIZADO

Há uma só Presença e um só Poder no universo. É Deus, o eterno bem, ao meu redor e dentro de mim. É a substância da minha vida e a essência do meu ser. Neste dia, estou aberto e receptivo a essa Inteligência sustentadora que aceita cada um dos meus pensamentos e desejos.

Vejo a mim mesmo como uma idéia perfeita na Mente de Deus. Entendendo a minha natureza espiritual, aceito a minha realização pessoal como um fato consumado. Meu destino está em segurança quando reconheço quem ou o que eu sou no plano cósmico. Vivo com integridade espiritual e sei que o meu bem mais elevado agora está realizado.

ABRAÇO O NOVO

Reconstruo o meu mundo. Velhas concepções limitadoras de mim mesmo agora são descartadas. Receptivo a uma nova visão do meu potencial, aceito quem e o que eu sou como filho do cosmos. Ser egoísta não é o meu objetivo na vida. A Mente Una me guia e me dirige, e as decisões são tomadas com sabedoria. Aceito a mim mesmo como uma testemunha viva daquilo que Deus faz por intermédio de uma consciência receptiva. Vivo de maneira dinâmica como uma pessoa totalmente comprometida com o presente. Assumo agora a responsabilidade pela minha vida. Vivo cada momento como uma pessoa positiva, construtiva, cuidadosa. Amo e sou amado por Deus e por todas as pessoas que me conhecem. Sou um fator positivo nessa coisa maravilhosa chamada vida.

O ritual do pensamento limitado cessou. A visão de ontem e a esperança pelo futuro agora são realidades. Abraço o novo. Aceito a responsabilidade de criar a minha nova experiência. Todo o poder e a substância da Mente são meus agora e para sempre. Regozijo-me na consciência que reconstrói o meu mundo.

FUI CRIADO PARA SER FELIZ

Fui criado para ser uma pessoa feliz e realizada. Fui produzido para ser um hóspede honrado do universo. Recebi o potencial completo para ser uma pessoa inteligente e autodirecionada. E aceito essas verdades agora como a essência do meu ser.

A cada dia e de todas as maneiras vivo a minha vida a partir do ponto de vista desse potencial divino. Reconheço quem e o que eu sou como uma expressão de Deus. Por isso, as opiniões e as crenças do mundo e o clamor das sugestões negativas vindas da consciência coletiva não podem me impressionar nem me manipular. Sou um espírito livre. Escolho o meu caminho, e a cada dia vejo a beleza e a ordem da vida reveladas como experiência minha. Vivo com alegria e prazer, sempre olhando adiante para o novo.

ESCOLHO A MINHA VIDA

Vivo a vida de Deus. Expresso os atributos divinos da inteligência, da clareza de propósitos, da energia sem fim e da motivação consistente. Experimento e realizo um grande bem em cada circunstância. O princípio universal me oferece tudo o que eu poderia precisar para a felicidade e o contentamento. Essa é minha história e a história da minha existência.

A Mente Una apóia o meu pensamento límpido e a minha tomada de decisões dirigida. Não sou vitimizado pelas crenças e pelas opiniões coletivas das pessoas que me cercam. Não sou manipulado por padrões negativos impressos na minha mente subconsciente. Sou alguém que escolhe num mundo de escolhas possíveis, e escolho sabiamente e bem. Tudo no universo é para mim. Minha experiência é a manifestação de uma vida realizada e feliz.

VIVO PARA A LIBERDADE

Hoje, vivo como se não tivesse vivido antes. Vejo tudo com novos olhos e com uma inspiração revigorada. Não sou uma vítima da experiência de ontem ou da promessa de amanhã. Vivo na magia do agora! Penso a respeito do potencial criativo dentro de mim. Aceito o meu destino como um movimento progressivo da vida.

A realidade una se expressa em mim e no meu mundo de atividades. Abraço cada dia de desafios com entusiasmo e alegria. Espero o melhor, recebo o melhor e dou o melhor. Minha vida é uma vida de auto-aceitação, de auto-apreciação e de auto-expressão. Sou grato pelo fato de a minha vida estar seguindo por um bom caminho.

Sei que sou apoiado por um poder e por um amor irresistíveis. Cada momento do meu dia é preenchido por esse reconhecimento. E essa percepção me oferece uma nova experiência de realização e de liberdade com relação às restrições.

Este dia é o dia da ordem divina. A perfeita ação correta guia e dirige minhas decisões de todos os dias. A beleza e a grandeza da vida é uma experiência criativa do aqui-e-agora. Devido ao fato de eu viver no brilho da luz divina, todo o meu mundo é iluminado, e eu vejo o caminho que devo seguir.

ESTOU PARA DAR INÍCIO A NOVA EXPERIÊNCIA

Estou pronto para um novo mundo de experiências. A Mente infinita que me criou não apenas me sustenta como também me fornece tudo o que é necessário para a realização maior da minha vida. Idéias espirituais manam das profundezas da minha consciência para me informar, me iluminar e me guiar na minha experiência cotidiana. Regozijo-me nas grandes possibilidades para a vida que são as minhas.

Neste dia, aceito a mim mesmo como um momento novo e maravilhoso na idéia que Deus faz de mim. Sou uma oportunidade contínua para a expressão de mim mesmo e para a realização do grande bem. Tudo aquilo que preciso para uma vida feliz e alegre já existe na Mente e agora é apresentado a mim para a realização da minha vida.

ESTOU LIVRE

A Inteligência universal, sempre presente e sempre ativa, é a minha natureza essencial. É o poder e a presença para o bem operando por toda a minha vida. Escolho não ser uma vítima das opiniões e das crenças de outras pessoas, que envolvem restrições ou limitações na vida. Qualquer aceitação pessoal de carência é neutralizada e dissolvida graças ao entendimento da minha conexão com a infinita fonte de suprimento.

Sou inspirado pelo entendimento espiritual. A Força transcendente que projetou o cosmos é o Poder que me criou. Ela me fornece tudo que eu necessito para uma vida de harmonia e de realização. Caminho para a frente rumo a uma compreensão mais profunda dessa verdade e vejo-a manifestar-se como o bem-estar abundante e em desenvolvimento da minha vida.

ACEITO A BOA VIDA

Estou rodeado por uma Mente na qual eu vivo, me movo e tenho o meu ser. É a vida do universo. Tudo o que eu comunico a ela pelo meu pensamento é recebido completamente, aceito sem diminuição e respondido instantaneamente. Por isso, cada um dos meus desejos e dos meus anseios é recebido por esse Infinito, por esse incondicionado, sem rejeição nem hesitação.

Uma vez que eu entendo a ação criadora da Mente, eu declaro agora, para o âmbito dessa Mente, que a minha receptividade ao bem está sempre em crescimento. Os ventos purificadores da verdade eterna agora estão varrendo as velhas crenças, temores e ansiedades da limitação. Eu aceito a minha liberdade como filho do Uno infinito. Todas as preocupações são dissolvidas quando eu aceito a liberdade de ser o que eu quiser ser.

Hoje, aceito a mim mesmo como uma representação saudável da totalidade da vida. Aceito a mim mesmo como a sabedoria criativa de uma mente infinita e criativa. Eu aceito a mim mesmo como o receptor e o projetor amoroso de um amor sem amarras nem limitações.

Minha alegria é plena. Minha taça transborda. O mundo das idéias infinitas é meu para todo o sempre.

AFIRMO O MEU POTENCIAL DIVINO

Minha vida está sob o controle da Mente criativa, evoluindo sob uma lei de bem crescente. O pleno impacto do universo está por trás de cada um dos meus movimentos ou motivações.

Reconhecendo essas verdades e aceitando-as como a base da minha vida, coloco-me agora sob a lei da benevolência e da realização crescentes. Não há medos, dúvidas ou incertezas que possam assaltar a minha mente ou as minhas emoções. Com confiança e força, caminho por toda a minha vida inclinando-me para o duradouro, para o bem e a verdade.

Aceito a dádiva do meu divino direito nato. O que quer que eu faça, aonde quer que eu vá, sou guiado pela verdade e motivado pela sabedoria. A cada dia, a lei que cria o progresso impele a minha vida ao longo de caminhos de boa fortuna.

Assentado sobre a rocha da ação mental, nada pode distrair a ação dessa lei. Coloco a semente do meu desejo na matriz da Mente; ela é aceita e desenvolvida sob o impulso irrevogável da natureza. É este o ritmo do universo que trabalha comigo e para mim, exatamente agora e para todo o sempre.

SOU RENASCIDO

"Olhe, todas as coisas estão se tornando novas", é a voz da verdade. Essa é uma ação da natureza divina, que está sempre se desdobrando, sempre se revelando. O desenvolvimento das idéias espirituais é que produz todas as formas físicas. Esta é a base da minha vida agora e sempre. E, desse modo, sou uma expressão dessa ação divina que sempre se revela, que sempre se manifesta. Olho para a frente, em direção ao novo dia, à nova experiência, à nova oportunidade para a expressão de mim mesmo e a realização.

Nada que venha do passado pode inibir essa ação divina. Não estou amarrado a velhas idéias, concepções ou crenças. Sou um espírito livre, pensando pensamentos expansivos e sendo conduzido para experiências maiores e melhores. Para mim, o ano novo começa a cada momento de cada dia. O que torna todas as coisas novas é a força impulsionadora de Deus em mim. Escolho dar um passo à frente e sair em direção à vida com um novo olhar, com uma visão e uma ação criativa mais amplas. Este é o momento de novos começos, e eu me regozijo com o fato de que o futuro é meu.

SOU UM ATO DINÂMICO DO ESPÍRITO

O Grande Espírito da vida me criou. Ele crê em mim e me provê de tudo de que necessito para a realização. Por isso, posso sempre me movimentar para a frente ingressando em novas e revigoradas experiências de vida.

Eu aceito o fato de que sou parte de uma Inteligência criativa universal. Devido a isso, uma infinita série de idéias espirituais existe perpetuamente em mim. Essas idéias se expressam através de minha consciência como metas específicas que são anseios particulares que quero realizar.

O Infinito sempre funciona dentro de mim, nunca se modificando e sempre doando. Entendendo e apreciando essa verdade, encontro-me num estado expandido de receptividade. Aceito essa sabedoria espiritual, que renova, regenera e revivifica a minha consciência. Portanto, a ação dinâmica de Deus está sempre acontecendo na minha vida. Nasci de novo nessa compreensão. Desfruto da experiência espiritual. Sou a cada dia receptivo à percepção espiritual expandida. Minha vida manifesta totalidade e capacidade amplificada para amar, para dar, para partilhar e para receber. Procuro novos pontos de vista e novas oportunidades criativas para a expressão de mim mesmo. Sei quem eu sou e o que eu sou. Louvo a Fonte do meu ser e o Recurso que conduz a uma vida realizada e feliz.

SINTO A MINHA NATUREZA DIVINA

O Espírito infinito está emanando como a magnificência do universo. Idéias espirituais são as vias de acesso para a auto-expressão. Sou aquele que vivencia essas brilhantes idéias de Deus. Não há um só elemento destrutivo no universo. Tudo é amor tornado visível. Portanto, o meu mundo é um mundo de idéias construtivas, que expressam harmonia, beleza e ordem. Todo aspecto de minha existência é permeado por essas qualidades.

Minha saúde é estabelecida como equilíbrio e ordem em ação. Minha riqueza é estabelecida como a continuidade de idéias espirituais que proliferam e se manifestam como suprimento. Meus relacionamentos pessoais estão arraigados no amor, na harmonia e na paz. A comunicação perfeita existe continuamente. Meu trabalho é o princípio criativo em ação. Portanto, sou reconhecido, apreciado e remunerado no mais alto nível. Essa é a ordem divina e a ação perfeita se manifestando.

Nem a opinião humana nem as crenças pessoais restritivas podem frustrar o movimento da minha vida para a frente. Deixo para trás todas as negatividades passadas como um sonho do qual agora eu despertei. Meu mundo é novo, brilhante e cheio de promessas. Tudo o que é necessário para uma experiência completamente satisfatória da vida está acontecendo.

Minha natureza expressa o poder realizador da Mente universal, e todos os meus caminhos estão bem.

VIVO CONFIANTEMENTE

Há um Poder para o bem no universo, e ele opera em torno e dentro de mim, sempre. Nunca estou fora do abraço divino. Estou dentro da Mente chamada de Pensador infinito, que me criou e que me sustenta na ação correta.

Não existem impulsos negativos no universo. Qualquer coisa dentro de mim que poderia partilhar de um pensamento, crença ou expectativa negadores da vida ou destrutivos é arrancada e dissolvida. Espero apenas as idéias perfeitas de Deus manifestando-se como totalidade, harmonia e bem abundante. Qualquer que possa ser o desafio, no momento de necessidade a satisfação e o suprimento aparecerão.

Vivo com confiança espiritual. Aceito a mim mesmo como estando sempre apoiado pelo Doador divino. Encontro-me sempre num estado de equilíbrio e de ordem. Meu futuro é um futuro de saúde, de alegria e de prosperidade.

EVOLUO COM PERFEIÇÃO

O homem vive num princípio vital, governado por uma lei de existência, impulsionado por uma Mente criativa. Eu sou esse homem agora; portanto, vivo de acordo com uma lei de evolução divinamente criativa. O progresso é o tema da vida, e meu desdobramento bem-sucedido está assegurado.

Não há ansiedade nem medo em mim, na minha situação na vida ou na minha orientação psicológica. Não vacilo nas margens da indecisão. Sou a exuberância do Espírito expresso como alegria, espontaneidade e amor robusto, e conheço isso.

Decido confiantemente, comprometo-me alegremente e me empenho plenamente em qualquer situação de vida em que me encontre. Sei que sou um co-criador com o Uno infinito. Portanto, assumo ser verdade exatamente o que eu quero ver manifesto na minha experiência. Essa é a verdadeira existência autoconsciente. Nesse processo, não há lugar para a dúvida, para a incerteza e para a indecisão.

Agarro plenamente a vida, sabendo que eu sou eu mesmo somente quando apreendo e vivo, momento a momento, a vida da verdade.

ESTOU EM PERFEITA ORDEM

Criado pelo Grande Espírito, sou formado a partir do padrão universal da totalidade. Cada aspecto do meu ser — mental, emocional e físico — representa a integridade de Deus. Sou sempre superior às opiniões, crenças e previsões humanas. Tudo o que eu poderia precisar já existe em seu estado perfeito dentro de mim como uma idéia espiritual. Afirmo que as idéias criativas movem-se agora através da minha consciência e tomam forma no meu mundo da experiência.

Meu eu autêntico permanece livre de toda perturbação, desordem e aflição. Continuo sendo aquilo que fui criado para ser: a expressão saudável de uma Fonte perfeita.

ESTOU NO MEU LUGAR CERTO

Estou sempre no meu lugar certo: um centro de consciência no conhecimento divino. Deus me reconhece como puro, total e completo. Não me faltando nada, estou impregnado de paz e da bênção abundante do Espírito.

A cada dia, aceito o meu verdadeiro lugar no universo como uma expressão da Inteligência universal. Essa realidade é a minha vida. Cada pensamento, sentimento ou experiência que tentem negar essa ação não fazem parte da verdade. São eliminados da minha experiência por meio desse entendimento espiritual. As opiniões das outras pessoas não desempenham um papel vital na minha vida. Vivo sob a minha própria autoridade como uma expressão da Presença universal da inteligência, da harmonia e do bem abundante. Minha consciência é transformada; o meu mundo é reformado; e eu vivo uma vida de liberdade, de tranqüilidade e de bem-estar.

O AMOR NÃO VACILA

Regozijo-me e dou graças à vida, ao amor e à continuidade do suprimento que é meu. A cada dia e de todas as maneiras sou um centro receptor e doador do Espírito criativo. Por meio de pensamentos, de sentimentos e de ações, expresso a Substância e a Provisão universais. Neste momento de reconhecimento, a presença protetora do amor sustenta a mim e ao meu mundo.

O amor não vacila em seu poder de dar, e nem eu. Sou uma via de acesso ao longo da qual é revelada a generosidade infinita. Expresso estima e regozijo, dando graças pelo bem que é meu.

MANTENHO A MINHA INTEGRIDADE ESPIRITUAL

Hoje, explico o meu pensamento por meio do reconhecimento da Mente una. Esse conhecimento espiritual é uma comunhão interior com o Divino. Cada momento purifica a minha consciência e produz novas idéias. Compreendo que não sou objeto de crítica para as crenças e as opiniões de outras pessoas. Mantenho a minha própria integridade espiritual e mental. Aceito essa percepção como o suprimento de tudo o que eu poderia necessitar. É uma experiência de bem-estar, de harmonia e de alegria.

Olho para cada dia como uma oportunidade para expressar Deus. Desfruto do desafio cotidiano de pensar construtivamente. Regalo-me na demonstração do pensamento criativo. Para cada momento, procuro a história dos pronunciamentos da Mente. Exaltado na consciência por essa atitude de pensamento, expresso uma clareza de objetivos e uma inspiração que todos podem ver.

Cada pessoa que entra em contato comigo sente um novo gosto pela vida. Sou uma energia de cura que transforma as distorções dos sistemas de crença negativos dos homens. A aceitação desse movimento revigorado do pensamento traz consigo uma paz interior que precisa tocar o mundo. Agora, vejo a vida mostrada em toda a sua grandeza pela minha vida pessoal. Cada relacionamento é harmonizado por esse conhecimento, e a paz que transmite todo entendimento é convertida numa realidade amorosa.

SOU UMA AFIRMAÇÃO DA EXPECTATIVA

O pensamento não despropositado é a regra e o papel da minha mente. Tenho consciência apenas do que é vital, viável e vitorioso. O pensamento do malogro, as concepções limitadas da vida, os maneirismos mentais inúteis, não conflituam com a minha vida intencional. Gosto de ser, de expressar e de revelar tudo o que Deus é enquanto beleza individualizada, benevolência e bem-aventurança.

Os maus hábitos do pensamento ordinário, a negação do bem, a insegurança baseada em crenças das massas, a lógica das "opiniões esclarecidas" não vegetam dentro da minha consciência. Sou uma afirmação apenas de liberdade, de realização e de destemor.

O mundo que Deus cria por intermédio de mim e para mim é maravilhoso de se ver. Saúde, riqueza, criatividade e satisfação real na vida são as pedras angulares da minha existência. Como é glorioso ser um filho do cosmos, um produto da Mente universal, um símbolo na forma de tudo o que Deus é! Como é magnífica a maneira pela qual a Mente toma o controle desta *palavra*, aceitando-a totalmente e produzindo o nascimento do meu novo mundo!

AGUARDO ANSIOSAMENTE UMA NOVA VIDA

Aceito-me como uma ação progressiva de Deus. O princípio vital que flui através de mim me guia e me dirige a cada passo. Atinjo e obtenho a realização de uma boa vida. Sinto alegria, paz e amor. Irradio boa vontade para todos os seres.

Figuras ou padrões mentais de medo são dissolvidos no reconhecimento de que sou sustentado pela energia sempre presente do bem. Apago quaisquer programações negativas e crio uma nova experiência graças a uma nova visão de mim mesmo. Sou orientado pelo sucesso, e obtenho muito boa fortuna. À medida que sigo em frente rumo à recompensadora experiência da auto-expressão criativa, sinto-me inspirado, feliz e satisfeito. Meus objetivos são atingidos. O princípio da vida está me apoiando de todas as maneiras. Alcanço novas alturas de percepção. Minha confiança no Espírito universal voa alto. Movimento-me para níveis de realização que me levam para além de qualquer experiência anterior.

Hoje, aceito a mim mesmo como um novo estado de ser. Houve um avanço revolucionário na minha consciência. Expresso agora mais liberdade e bem-estar em viver. Minha vida segue adiante rumo a grandes panoramas de harmonia e de paz.

MEU ANO DE GRANDEZA

Neste novo ano, caminho para a frente com confiança e clareza mental. Reconheço que a Mente criadora me inspira, ilumina a minha consciência e me motiva para modos de vida revigorados e inspirados. Conheço a vida boa e próspera. Minha vida manifesta totalidade, harmonia e bem-estar.

Este é o meu ano de grandeza. Qualquer coisa de que eu necessite para a realização da minha vida já existe e se torna tangível em minha experiência cotidiana. Regozijo-me no belo espírito da vida com o qual Deus me dotou. Utilizo bem e sabiamente a minha sabedoria. Regozijo-me na abundância que é minha.

SOU INTEGRADO

Sou a minha própria pessoa. O Poder e a Presença do universo me oferecem tudo o que eu poderia necessitar para a realização pessoal. Não sou uma vítima das opiniões, das crenças ou dos desejos das outras pessoas. Vivo sob a lei da minha própria escolha. Neste momento de conhecimento espiritual, a força vital se move através de mim respondendo a este tratamento espiritual.

Sou uma mente esclarecida que vive num mundo pessoal equilibrado, e sou grato pelas alegrias e pelas realizações que são minhas.

TRATAMENTO PARA FAZER DEPOIS DA MEDITAÇÃO DIÁRIA

Você pode fazer este tratamento quando terminar seu período diário de tranqüilização ou de meditação, se quiser fazer o tratamento para um problema em outra ocasião do dia. Ou então, poderá fazer este tratamento quando tiver acabado de ler este livro.

"Este tempo de estudo tem sido um fermento para mim — uma levedura de idéias trabalhando na minha consciência. Agora ele está multiplicando-se através de mim como novas idéias acontecendo. Elas me trazem novas experiências devido a uma nova experiência da consciência. Sou um novo ser e uma nova pessoa. Sou renovado e energizado em cada departamento do meu ser. Vivencio a Substância infinita como um contínuo suprimento de bem em minha experiência. Entendo que o princípio da vida me apóia em todos os meus empreendimentos. Tenho um novo sentido do eu, um novo sentido de suprimento. E me regozijo numa nova auto-aceitação.

"Reconheço os padrões do princípio infinito da vida, afirmo a minha união com eles e vejo como me motivam e como se expressam através dos meus planos pessoais. A cada dia, reconheço essa Presença divina da vida boa movendo-se através de mim. Minha mente e meu mundo são transformados. Aceito a mim mesmo como um novo ser, impregnado da benevolência e da beleza da natureza. Sou grato à vida por essa capacidade maravilhosa para ingressar na profusão divina. E eu sei que tudo isso é caridade do Altíssimo."

GLOSSÁRIO

Absoluto — O princípio da vida em si mesmo. O puro ser. Inteligência perfeita, Inteligência criativa, Inteligência universal. O princípio do ser com seus atributos.

Alma — A palavra usada para o princípio do ser em seu domínio como uma energia criativa ou força vital. No indivíduo, a alma é a área da mente denominada subconsciente. Compreende os pensamentos, os sentimentos, as ações e as experiências de uma pessoa. Como energia potencial se expressa continuamente através da vida do indivíduo.

Amor — A Força criativa universal. Ele está sempre dando, produzindo e projetando sua natureza por todo o cosmos. O amor humano é uma sombra esmaecida desse princípio divino. Expressa-se em relacionamentos amorosos, em atos altruístas e em compromisso para com a vida.

Causa Primeira — O princípio universal da vida ou Inteligência que expressa fora de si mesma um universo criativo de idéias espirituais. Estas, posteriormente, se manifestam como uma experiência humana ou material.

Causa Segunda — O princípio da Inteligência universal operando num nível individual e pessoal. É tudo o que opera dentro da consciência de uma pessoa, e que, por meio da lei do processo criativo, produz um mundo de manifestação, que é saúde, riqueza, amor e autoexpressão na experiência de vida da pessoa. Todas as qualidades dessa experiência de vida constituem uma manifestação da causa segunda.

Causa, Causa Primeira, Primeira Causa — Aquela que é a Fonte e a Força criativas do universo. Aquela que realiza tudo o que é, tudo o que foi ou que possa vir a ser.

Consciência Racial ou Coletiva — O complexo de crenças, de atitudes e de aprovações que os seres humanos têm feito como resultado de sua natureza humana e de tudo o que eles têm experimentado com relação à vida.

Consciente — A percepção que a pessoa tem da vida como ela é experimentada através dos sentidos. No Absoluto, consciência é, simplesmente, a autopercepção de Deus ou a autopercepção do Grande Espírito, que percebe a sua natureza ou o seu ser como idéia ou como um complexo de idéias.

Cura — Qualquer forma de cura física, mental ou emocional. Pode ser realizada por meio do uso da medicina ou da cirurgia físicas, da terapia psicológica, do "toque" físico ou da inspiração espiritual e da prece.

Cura Espiritual — O resultado de uma transformação da consciência. É a extensão da mente até um nível superior de consciência para além do material e do físico. O resultado é uma transformação de todo o ser de uma pessoa. O efeito é a mudança física ou a cura.

Demonstracão — A manifestação de um efeito palpável dando evidência a uma causa que foi iniciada por meio de um tratamento mental espiritual e de seu processo de cura.

Deus — O nome dessa realidade que está além da descrição oú da forma humanas. É chamado por muitos nomes, alguns dos quais são: Pai,

Mãe, o Divino, o Bem-Amado, Grande Espírito, Onipotência, Onipresença, Onisciência.

Divino — Palavra usada para conotar algo que fica além do mundo material. Uma qualidade da experiência que se sente ter sido infundida pela Causa sagrada e primordial de tudo.

Efeito — O resultado de uma causa que é criada por meio da consciência do indivíduo. Aparece como pessoas, lugares, situações, coisas e eventos no mundo do indivíduo. Tem igualmente uma figuração externa no corpo. Do ponto de vista do Absoluto ou de Deus ou do Poder Superior, é o resultado ou a manifestação do Absoluto ou Poder Superior em ação.

Forma — Do ponto de vista do Absoluto, a forma é toda idéia ou atributo espiritual da mente de Deus ou da Inteligência criativa universal. No domínio humano, é tudo o que é físico, palpável, concreto, que os sentidos comunicam a nós.

Grande Espírito — Título para a realidade única, Fonte e Causa de tudo o que existe. É o Ser transcendente, além do mundo material, sendo, não obstante, a causa deste. Ele nunca pode ser absorvido pelas suas criações. Vida infinita e eterna.

Inconsciente — As camadas profundas da área subconsciente da mente da pessoa, onde há uma fusão da consciência da pessoa com a consciência coletiva da raça. É um domínio no qual muitos fatores primordiais operam no interior e atrás do indivíduo. É uma área da consciência que se expressa através dos sonhos e de várias outras experiências por meio de símbolos e da simbologia, da qual nos tornamos cientes por intermédio dos mitos e das lendas que abordam temas semelhantes em várias áreas étnicas e geográficas do mundo.

Lei — O processo e o meio através do qual, ou por cujo intermédio, a Inteligência universal produz o seu mundo de efeitos. A lei opera como ação mental e, na experiência humana, opera por meio da consciência, em particular num nível subconsciente e inconsciente do ser humano. É a subjetividade suprema que se expressa como o processo criativo do universo.

Mente — O princípio supremo da consciência, permeando toda a natureza, a vida, o ser. Às vezes é chamada de Mente infinita, Mente divina ou Mente universal. Opera como ordem divina. No nível humano, é a mente que se expressa por intermédio do indivíduo. É um uso pessoal do princípio mental.

Poder Superior — A descrição de um princípio ou Força maior do que o individual e o universal na sua natureza. A Causa suprema além do domínio condicionado da experiência humana. O Uno infinito.

Princípio — A lei e a Força criativa subjacente a toda vida. É aquilo sobre a qual toda experiência de vida é baseada, e é através desse princípio de vida que todas as manifestações da experiência aparecem.

Religião — A maneira como os seres humanos descrevem a procura de significado. É um método para atingir um sentimento de conexão com uma Inteligência ou Poder Superior. Torna-se a percepção de uma Força transcendente ou princípio do ser. O meio de adoração ou de contemplação do Divino está condicionado pelo *background* étnico ou social de uma pessoa. A meta suprema de todas as religiões é a mesma: a transformação do indivíduo.

Subconsciente — O domínio abaixo do limiar da percepção consciente, onde cai todo pensamento e todo sentimento, e que opera como o campo de força criativo de energia mental no âmbito da pessoa.

Tratamento Espiritual — Método ou processo de esclarecer a consciência de modo que a pessoa possa subir até uma percepção mais elevada da natureza, do ser e de si mesma como uma expressão da natureza divina.